由布院モデル

地域特性を活かした
イノベーションによる観光戦略

大澤健・米田誠司 著

学芸出版社

目　次

はじめに　──由布院のまちづくりの不思議　9
- 「観光まちづくり」の先駆者としての由布院
- 由布院の「観光まちづくり」をめぐる疑問と課題
- 観光まちづくりの3つのフェーズ
- 本書の構成
- 21世紀の地域振興モデルとしての「由布院モデル」

第1章　「由布院らしさ」＝地域特性をつくる……23

1.「まちづくりのための観光」という基本姿勢　25
- 由布院における「観光まちづくり」の出発点＝「何のための観光なのか？」
- 「住み良い、美しい町」をつくるための観光

2.「持続可能な地域」をつくる　31
- まちづくりの3つの柱
- 「持続可能な観光」との違い
- 「地域経済」「地域環境」「地域社会」を結びつける
- 一般的な「まちづくり」との違い

3. 観光が持つまちづくりの力　39
- 「特殊市場」を創り出す観光
- 外部資源の導入窓口としての観光
- 観光の「風」を地域の「土」と混ぜる

4. 地域特性と観光の競争力　48
- 「住み良いまち」＝由布院らしい独自のライフスタイルを持つまち
- ブランド力の源泉としての「由布院らしさ」

第2章 「動的ネットワーク」
＝ひとのつながりをつくる …………… 55

1. まちづくりの実践における「動的ネットワーク」の形成　57
- 「明日の由布院を考える会」に見られた「ひとのつながり」
- 動的ネットワークの形成条件
- 動的ネットワークの特徴
- 動的ネットワークと観光の役割

2.「動的ネットワーク」とイノベーション　64
- 動的ネットワークに見られる起動力のはやさ
- 「由布院らしさ」を基盤にしたイノベーション
- 組織的知識創造プロセスの特徴
- 組織的知識創造理論の社会への応用

3. 由布院のまちづくりと知識創造のプロセス　75
- カリスマだけで観光まちづくりはできない
- 牛一頭牧場運動と知識創造のプロセス
- 「牛喰い絶叫大会」への展開

4. イノベーションと観光の競争力　83

第3章 「市場競争力」
＝観光地としての成功をつくる …………… 87

観光まちづくりの実践例1
由布院らしい「小さな宿」の拡がりと集積の過程　89

1. 由布院らしさをつくる「小さな宿」戦略　89
- 観光まちづくりの核としての旅館
- 「小さな宿」の特徴

2. 由布院における旅館の形成過程　97
- 高い頻度で続く旅館の新規開業
- 1980年代末から90年代初頭に開業した4つの「小さな宿」

3.「小さな宿」戦略の拡がりと由布院温泉の競争力　110

観光まちづくりの実践例 2
食と農のイノベーション　114

1. 旅館からのスピンオフによる新規開業　115
- 「亀の子たわし会」について
- スピンオフの 4 つの事例
- スピンオフが生む、「まち」の魅力を楽しむ散策の拠点づくり
- スピンオフによる新規開業と由布院の競争力

2. 由布院料理の発展過程　121
- 「旅館料理」とは異なった由布院の料理
- 「ゆふいん料理研究会」の前身となった勉強会の発足
- 地産地消から地消地産による農家との連携
- 旅館の垣根を越えて厨房をつなぐ横の連携
- イベントにおける経験値の積み上げ
- 「ゆふいんラボラトリー」の誕生

3.「由布院らしい」料理の発展過程と知識創造のプロセス　128
- 「由布院らしい」料理の形成
- 料理の発展における知識創造のプロセス
- 由布院の料理のあり方と地域内での経済循環
- 地域を支える農業の現状

観光まちづくりの実践例 3
由布院におけるアート・ムーブメントと景観形成　135

1. 由布院のアート・ムーブメント　137
- アートとは何か
- 由布院におけるアートの展開
- 由布院のさまざまなアート・ムーブメント
- アートのイノベーションにおける知識創造のプロセス
- 全国の先駆となった由布院のアート・ムーブメント

2. 由布院の景観とデザイン　146
- ・統一案内標識の設置
- ・湯の坪（街道）デザイン会議
- ・ゆふいん建築・環境デザインガイドブック
- ・由布院のまちづくりと景観形成における知識創造のプロセス

第4章　観光まちづくりにおける「由布院モデル」……153

0.「由布院モデル」と観光まちづくり　154
- ・「由布院モデル」の全体像
- ・「観光まち（地域）づくり」の拡がりと困難

1. フェーズ①　「由布院らしさ」＝地域特性をつくる　157
- ・「住み良い、美しい町」をつくるという目的の設定
- ・由布院らしさを創り出す「手段」としての観光
- ・地域特性と観光の市場競争力
- ・つながりをつくるための共通善としての「由布院らしさ」

2. フェーズ②　「動的ネットワーク」＝ひとのつながりをつくる　162
- ・「動的ネットワーク」をつくる
- ・知識創造のプロセスとしての「動的ネットワーク」
- ・観光まちづくりが不首尾に至るケース
- ・持続的なイノベーションと観光地としての競争力

3. フェーズ③　「市場競争力」＝観光地の成功をつくる　169

4.「由布院モデル」の課題　171

5. 21世紀の観光地戦略としての「由布院モデル」　174
- ・成熟した観光産業における「戦略」としてのまちづくり
- ・観光における知識マネジメントの重要性

観光まちづくりの実践例 4
由布院モデルの展開——田辺市熊野ツーリズムビューロー　*178*

1. 「由布院モデル」を適用した観光プランニング　*178*
- 和歌山県田辺市の観光振興の始まり
- 「動的ネットワーク」を取り入れた観光アクションプランづくり

2. 観光プランニングの過程　*180*
- 「何のための観光なのか？」＝観光の目的を設定する
- 「動的ネットワーク」をつくる
- 田辺市熊野ツーリズムビューローをつくる

3. 田辺市熊野ツーリズムビューローの活躍とイノベーション　*192*
- 外国人誘客のためのプロモーション
- 地域の「知識」のマネジメントによる受け入れ態勢づくり
- 着地型旅行会社「熊野トラベル」の設立

4. 田辺市での実践と「由布院モデル」　*196*
- 田辺市での成果
- 田辺市の成功の鍵

あとがき　*200*

引用・参考文献　*202*

はじめに ——由布院のまちづくりの不思議

❖ 「観光まちづくり」の先駆者としての由布院

　1990年代以降、国内の観光振興の現場では「まちづくり」が最重要ワードの1つになっている。この時期、1980年代後半のいわゆるバブル経済が弾けて観光産業が閉塞状況に陥ったのとは対照的に、「まちづくり」を掲げる観光地が着実に人気を集めていった。観光を「まちづくり」と融合させる「観光まちづくり」の成功は、バブルの後遺症に苦しんでいる観光産業だけではなく、平成以降の長期的不況の中で活性化を模索する地方経済からも大きな注目を集めることになった。

　そうした「観光まちづくり」の成功例として常に筆頭にあげられるのが由布院温泉[*1]である。由布院は湯量の豊富な温泉に恵まれているが、観光客を大量に惹きつけるような目立った集客資源があるわけではない。むしろ、1970年代のマスツーリズムの成長期においても、その後に続いたバブル期のリゾートブームの中でも、押し寄せる観光開発の波に抵抗し続けることで、由布院盆地の豊かな自然と農村の静けさを守り続けてきた。こうした一貫した「まちづくり」の姿勢は、由布院温泉を九州だけではなく日本を代表する温泉観光地へと成長させていった。緑と温泉以外に「何もない」まちが多くの観光客を集める姿は、「まちづくり」がもつ大きな力を世に示すことになった。

　由布院温泉の成功物語は完璧なほどにストーリー化されている。

　　日本の温泉観光地のトップランナーとして隆盛を誇ってきた別府の隣に位置する由布院温泉は、かつて「奥別府」と呼ばれる寂れた温泉街だった。閑古鳥が鳴き、仕入れ代金の支払いすらままならない中で、旅館の若手経営者たちは何とか現状を打破したいと決起する。彼らの導きの糸となったのは、かつて由布院を訪れた学者が示した「ドイツのバーデンを見習え」という言葉だった。そこで、3人の若手旅館経営者が借金をして決死のヨーロッパ視察を敢行する。遠い旅先で、「緑」と「静けさ」を何よりも大切にし、それを守ることに全力をあげるドイツの温泉保養地と出会う。温泉以外に何もないまちでのんびりと寛ぐことに最上の価値を見出す人

たちを見て、自分たちのまちにこそ人を癒すために必要なものがすべてあることに若者たちは気づいた。そして、自分たちのまちが進むべき道は「クアオルト」＝真の温泉保養地にあると確信して帰国する。

　帰国後に、彼らはリーダーとしてまちづくりを牽引していく。1975年の大分県中部地震の際には、「由布院温泉は健在です」ということを発信するために、まちに辻馬車を走らせ、牛喰い絶叫大会、音楽祭、映画祭というイベントの「つるべ撃ち」を繰り広げる。旅館の若手と住民主体の手づくりで始められた各種のイベントは由布院の知名度を全国区にするのに大きく貢献した。これらは40年以上経った現在でも続けられていて、「イベント上手」「宣伝上手」の由布院として知られるようになった。

　その一方で、このまちの緑と静けさを守ることに全力を傾け、巨大開発に抵抗し続ける。1970年代から全国の観光地が大型化していく中でも巨大な観光事業者が町内に入ることに異議を唱え、条例によって規制をかけた。こうした姿勢は1980年代後半に生じたバブル期の騒乱の中でも貫かれた。この時期、バブル経済の金余り状況を背景にして、政府までもが積極的に後押しするリゾートブームの中で、まちを飲み込むかのようなリゾートマンション開発計画が次々に沸き上がった。由布院温泉の旅館経営者たちは、湯布院町行政とタッグを組んで押し寄せるリゾート開発業者に徹底抗戦する。国の規制よりも厳しい制限を開発事業者に課すことは難しいと誰もが考える中で、1990年に「潤いのある町づくり条例」という先駆的な規制をつくることで開発業者を撃退して緑と静けさを守り通した。

　バブルの夢から覚めて、心の豊かさを求めるようになった人々はそんな由布院の魅力に改めて気づき、本当の豊かさと癒しをもとめて「何もない」温泉地へと多くの人たちが訪れるようになる。まちづくりの理念と思想を貫き通した由布院温泉は、こうして人気の観光地となっていった…。

　こうしたストーリーは、自分たちの地域の価値を自覚し、それを守り続けた由布院の「まちづくり」の姿勢をよく示している。由布院温泉のリーダーたちと町民が緑と静けさを守ることの重要性を認識した先見性と、そのために払った多大な努力は多くの称賛を集めてきた。理念と思想を持ったこのま

ちの姿勢は、貪欲な開発事業者とともにバブルに踊り、リゾートマンションが林立するまちへと姿を変えてしまった観光地とは鮮やかなコントラストを見せることで、平成不況の中でバブルへの深い反省の象徴的な存在になっただけではない。何もないまちが「まちづくり」を武器に全国有数の温泉観光地になった現実は、1990年代以降に長いトンネルへと突入していった国内の観光産業に進むべき新しいあり方を示すことになった。

❖由布院の「観光まちづくり」をめぐる疑問と課題

　しかし、こうした鮮やかなサクセスストーリーにもかかわらず、由布院温泉の「観光まちづくり」には、いくつかの根本的な疑問が存在している。

　1つ目の疑問は、リゾートブームの大波に抗して緑と静けさを守った理念と抵抗の姿勢は高く評価されるとしても、これだけが由布院温泉の「成功の理由」なのかという点にある。というのも、あえて抵抗しなくても、バブル経済の波さえ押し寄せることもなく「何もない」温泉観光地であり続けたところは全国に数多く存在する。バブルから取り残されて自然と静けさが保たれた温泉地が、同様に1990年代から多くの来訪者を獲得しているかと言えば、必ずしもそうではない。緑と静けさに満ちていれば人気の温泉観光地になれる、という簡単な話にはならないのである。

　こうした疑問は単なる揚げ足取りや屁理屈ではない。このまちが守ろうとした「由布院らしさ」について考える場合には、重要な意味を持っている。「緑」と「静けさ」は由布院温泉の「まちづくり」の中心的なテーマであり、その成功にとっての大きな要件だったことはその通りである。しかし、それが成功への必要条件であったとしても、それだけでこのまちの競争力の強さを十分に説明できるわけではない。由布院温泉の成功について語られる時には、しばしば必要条件と十分条件とが混同されている。このまちの競争力の源泉となっている「由布院らしさ」とは緑や静けさ以上のものであり、このことは他の鄙びた温泉観光地との対比から明らかである。

　そして、もう1つの疑問は、そもそも由布院は本当に田園風景と静けさを守ったのか、という点にある。由布院駅に降り立って、駅前通りから温泉地の象徴である金鱗湖(きんりんこ)に向かうメインストリート「湯の坪街道(ゆのつぼ)」は多くの飲食店や

図0・1　湯の坪街道の賑わい

土産品店でにぎわっている。キャラクターショップや、地元産とは思えない雑多な土産を扱う店がならぶ様子は「九州の原宿」とも呼ばれ、ぞろぞろと歩く多くの観光客と、それをかき分けて進む自動車によって終日混沌とした賑わいを見せている。この様子は、田舎での静かな癒しを期待してきた観光客に大きな違和感を与えるとともに、少なからず失望させることも多い(図0・1)。

　豊かな自然や田園風景とせめぎあう「原宿化」は、特に由布院のまちづくりの理念を高く評価する人にとって認めがたいものである。そのため、「由布院は先駆的な条例によって巨大な外部資本を追い払ったが、中小資本による小さな観光開発を止めることはできなかった。だから、まちづくりの理念を理解しない外部からの中小事業者によって虫食い的にまちが壊されている」と評される。

　こうした評価は一定の説得力を持つものの、公平なものとは言えない。というのも、外部からの多様な、そして時に雑多な要素を取り入れてきたことが、由布院のまちづくりのもう1つの特徴だからである。田園地帯を走る名物の辻馬車はもともとこの地域に存在したものではないし、日本の田舎の風物でもない。そもそもドイツの温泉地に範をとった「クアオルト」構想自体

もまちづくりのリーダーたちが外部から持ち込んだものである。由布院の名を有名にした音楽祭や映画祭にしても、このまちにそうした文化的な素地があったわけではない。もともとあったものだけではなく、むしろ外部から多様な要素を取り入れて変化し続けてきたことが、この地のまちづくりのもう1つの顔である。湯の坪街道の喧騒も、こうした「伝統」の延長線上にあると言えなくもない。

このように、由布院温泉の成功の理由が「まちづくり」にあることは疑いないが、その実相はどのようなものかとなると、実は明確な姿が見えそうで見えてこない。由布院の「まちづくり」は、外部資本による巨大開発に対して頑なに「由布院らしさ」を守り続けてきた顔と、外部からのさまざまな要素を取り入れながら変わり続ける顔という一見したところ矛盾する両面を併せ持っている。この2つの側面は、どのようにしたら整合的に理解できるのだろうか。

そして、より大きな問題として、こうした相反する顔をもつ「まちづくり」がなぜ観光地としての成功につながったのだろうか。この温泉地には今なお年間400万人近い来訪者があり、ここ40年間「行きたい」観光地としての人気を維持し続けている（図0・2）。こうした持続的な市場競争力は、緑や静けさだけでも、「イベント上手」だけでも、一部の高級旅館がつくり出す洗練された田舎のイメージだけでも、十分に説明されない。由布院温泉は「まちづくり」によって、なぜ強くて持続的な市場競争力を獲得できたのか。本書の中心的な関心はこの点にある。

こうした本書の問題意識をもう少し一般化すると、由布院温泉が先鞭をつけたとされる「観光まちづくり」において、「まちづくり」とはそもそも何を「つくる」ことなのか、そしてそれがなぜ観光の振興につながるのか、と言い換えることができる。由布院を先例として観光を振興しようとする地域からすれば、なぜ観光を振興するために「まちづくり」が必要とされるのか、あるいはさらに、どのような「まちづくり」を行えば観光を振興することができるのか、という問題を意味している。本書の目的は、「観光まちづくり」におけるこうした普遍的な問題を、由布院という先駆的な一事例から考察することにある。

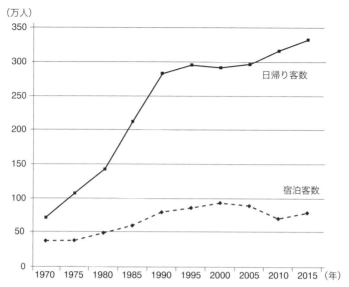

図 0・2　由布院の観光客数の推移（1970 年から 2005 年までは湯布院町としてのデータ、2010 年および 2015 年は由布市としてのデータ。出典：『由布市観光動態調査』より作成）

　由布院のまちづくりについてはすでに多くの先行研究が存在していて、何かを改めて考察しようとすることには「今さら」感がある。しかし、こうした数多の研究にも関わらず、なぜ「まちづくり」が観光地としての成功をもたらしたのかという点は、不思議なほど明らかにされていない。本書は、従来の研究が必ずしも明らかにしてこなかった「まちづくり」と観光振興（観光地の競争力）の関係を考察することを主眼としている。

❖ **観光まちづくりの3つのフェーズ**
　こうした問題を解き明かすために、本書は由布院の「観光まちづくり」を次の3つの「つくる」によって考察する。この3つの局面（フェーズ）が相互に関係しあう不可欠の要素となって、由布院のまちづくりは構成されている。
　① 地域特性（「由布院らしさ」）をつくる。
　② ひとのつながりをつくる。
　③ 市場競争力をつくる。
　由布院のまちづくりから何かを学ぼうとする場合、われわれは③だけに注

目しがちである。このまちを有名にした多くのイベントをはじめ、旅館のありようや地産地消の推進など、観光客を惹きつけるための数多くの取り組みによって由布院は著名な観光地となった。このまちの成功に惹きつけられるように全国から訪れた多くの視察者たちは、成功要因となった取り組みについての情報を聞き出して地元に持ち帰っていった。それによって、由布院温泉で行われてきたさまざまなイベントや企画は各地で模倣され、全国に広がった。地域の名前を冠した音楽祭や映画祭は全国で行われるようになり、「牛喰い絶叫大会」を模倣した大声大会を開催したところも多い。馬車が走る観光地も珍しくなくなった。しかし、こうした地域が由布院ほどの成功を収めることはなかったし、イベントや企画が名物として定着しているところもほとんどない。

その理由は、由布院温泉におけるまちづくりの要諦は①と②にあり、これらのフェーズと結びつくことによって③の市場競争力が実現していることにある。それゆえ、①と②なしに③だけを模倣しても観光の振興にはならないのである。

まず、①については、この地のまちづくりが頑なに守ろうとした地域の独自性＝「由布院らしさ」に関するフェーズである。この「らしさ」がまちづくりの核として、②と③のフェーズの基底となっている。由布院温泉の「らしさ」とはこの地に固有のライフスタイルに裏づけられたものであり、まちづくりの実践を通じてそれを守るだけではなく、新たに「つくる」営みを続けてきた。現在われわれがイメージする「由布院らしさ」とは、ここ数十年のまちづくりを通じて新たに創り出されてきたものである。

そして、①の「地域特性をつくる」作業は、②の「つながりをつくる」というフェーズによって実践されている。由布院のまちづくりの特徴として、観光事業者を中心とする「民間主導」で行われてきたことがこれまでも指摘されてきた。多くのまちづくりが行政主導で行われていることとは、この点で対照的である。ただし、重要な点は単に民間主導か行政主導かということではなく、民間主導でまちづくりが実践されたからこそ形づくられた人々の「つながり」方、いわば人と人とが組織される形態にある。由布院の「つながり」の特徴は、「分野・組織横断的」でフラット（対等、水平）なネット

ワークが何らかの「実践」を通じてつくられていることにある。本書はこのようなつながりを「動的ネットワーク」と呼んでいる。まちづくりの実践におけるひとのつながり方に由布院温泉のもう1つの独自性がある。

①と②の「つくる」はそれぞれ、①は「何のために」観光まちづくりを行うのか、そして②は「誰が、どのようにして」まちづくりを行うか、というフェーズを表している。別の言葉で言えば、①は観光まちづくりにおける「目的」、そして②は「主体と方法」と言うことができる。それにたいして、③の「つくる」は「何を行うのか」という具体的な企画や実践のフェーズを指している。

由布院の観光まちづくりの大きな特徴は、「何を行うのか」だけではなく、「何のために」「誰が、どのようにして」行うのかというフェーズを組み込むことで、観光地としての持続的な競争力が形づくられているところにある。まちづくりの中心に「目的」が据えられ、それを実現するために観光に独自の役割が与えられている①のフェーズと、さらにそれを実践する際に採られる②の「つながり」の独自性によって、③が十分な効果を発揮している。

由布院のまちづくりについてのこれまでの研究でも、①と②の特徴は断片的に指摘されてきた。しかし、①や②のフェーズが、なぜ③の市場競争力につながるのかという最も重要な点は必ずしも明確にされていない。つまり、由布院温泉の成功の要因を探る中で①や②の特徴を見出すことはできても、①や②から逆に③を説明する試みはほとんど行われてこなかった。

本書は、①と②のフェーズを③の市場競争力へと転化させる媒介項になっているのが、「ブランド」と「イノベーション」だと考えている。一般的に地域ブランドをつくることは、観光地やその産物をPRして知名度を上げることだと理解される場合が多い。確かに、由布院の場合にも、イベントを通じた情報発信の巧みさや洗練された旅館のイメージによって、高い知名度と高級感を得ている。しかし、「ブランド」の本質はそこにあるのではない。ブランド化とは「包括的な差別化」によって競争優位を獲得する戦略を意味している。こうした差別化戦略の核であるブランド・アイデンティティになっているのが、①の地域特性＝「らしさ」である。他所とは明確に違った「由布院独自のライフスタイル」をブランド・アイデンティティに持つことで、

観光地としての包括的な差別化が可能になっている。

そして、「ブランド化」を核にした戦略は市場の変化に対応するイノベーションによって実現されている。「変わらないためには変わり続けなければならない」という古くからの格言の通り、頑なに地域特性を守り続ける姿勢とは裏腹に、由布院温泉は絶えず変化し続けている。こうしたダイナミックなイノベーションを生み出しているのは、まちづくりの過程でつくられた分野・組織横断的な「つながり」である。さまざまな実践を通じて重層的に形づくられたダイナミックな動的ネットワークが、地域内外の多様な人々の知識が混ざりあう場となることで不断のイノベーションの源泉になっている。地域の内部に豊かに張りめぐらされた「つながり」によって、さまざまな要素を取り入れながら絶えざる変化を繰り返すことで、地域特性を強化しながら市場に適応してきたことが由布院温泉の競争力を支えるもう1つの要因になっている。

❖本書の構成

本書は、①、②、③のフェーズを順番に説明する形で展開される。

第1章では、①のフェーズである「由布院らしさ」＝地域特性の意味を明らかにするとともに、それをつくるための「手段」として観光事業者たちが担った独自の役割について説明する。これらは、まちづくりのリーダーである旅館の経営者たちの「理念」や「思想」であるとともに、由布院が温泉観光地として生き残っていくための戦略でもあった。こうした理念と戦略は、まちづくりの初期段階である1970年代に「明日の由布院を考える会」の活動を通じて形作られていく。その間のまちづくりの記録や、現地における関係者へのインタビューなどをもとに、「まちづくり」の基盤を明らかにしていく。

第2章では、②のフェーズである「つながり」＝「動的ネットワーク」の特徴とともに、その機能を考察する。本書は動的ネットワークを「参加者の主体的なコミットメントによる分野・組織横断的な水平な（対等で、平等な）人々のつながり」と定義する。由布院を有名にした名物イベントや、リーダーたちの旅館は、「動的ネットワーク」として重要な役割を担っている。これらを通じて「由布院らしさ」とは何かという理念が共有されるとともに、市

場適応をもたらす新しい挑戦＝イノベーションが生み出されている。動的ネットワークがなぜ持続的なイノベーションの母体になるのかについての考察は、イノベーションの発生を「知識」の動態的な交流によって説明する「組織的知識創造理論」の一連の研究成果の力を借りている。由布院のまちづくりの経験は、地域内外にある多様な「知識」をマネジメントする方法について大きな示唆を与えてくれる。

第3章では③のフェーズ、由布院温泉が実際に観光まちづくりとして「何を行ってきたのか」について、①と②を組み合わせて考察する。これによって、①と②のフェーズが、ブランド力とイノベーションという媒介項を通じて③の市場競争力を生み出していることをいくつかの実践例から実証する。とりあげるのは、「小さな宿」とその経営方法の広がり、地域の農業と料理の関係（「食と農」）、アートイベントや景観形成を含む「文化のまち」づくりである。これらは由布院ブランドを構成する中心的な要素である。地域特性の核になっているこれらの領域で、持続的にイノベーションが繰り返されることによってこの温泉地の市場適応力が育まれてきたことを考察する。ただし、①と②が③を強化するという一方向の関係にあるのではなく、逆に由布院温泉の競争力によって①と②のフェーズが強化されていることも例証する。

これらの考察を受けて、第4章では①と②がブランドとイノベーションという2つの媒介項によって③へとつながり、逆に③が①と②を強化するという観光まちづくりの「由布院モデル」を最終的に提起する。①、②、③の3つの「つくる」は、お互いが不可欠の構成要素となっていて、双方が原因であり、結果であるような相互循環的な関係になっている。由布院温泉の観光地としての成功は、時代に背を向けて頑なに地域の固有性を守ることによってもたらされたのではないし、逆に時代の流行に合わせて観光地のあり方を変えてきたことによるものでもない。地域の独自性を強化しながら、それを基盤とした持続的な変化によって積極的な市場適応を行ってきた結果である。このモデルによって、市場競争力を持続的に発展させていくために必要な基本的な戦略と、その戦略を「まち」という単位にまで広げて実践していくための仕組みを明らかにしたい。そして、「由布院モデル」を実際に適用した観光振興の実践例として、和歌山県田辺市の事例を考察する。

なお、本書の前半部分である第1章と第2章は理論的な要素が多く、そうした議論が煩雑に思われるかもしれない。由布院を先行例とした観光まちづくりの実践的な活用を考える場合、第4章から読んでモデルの全体像を把握したうえで、その例証として第3章を読み進めるだけでも十分だと思われる。興味に応じて第1章と第2章でその理論的背景を理解していただきたい。本書はそうした逆向きの読み方もできるように意識して書かれている。

❖ 21世紀の地域振興モデルとしての「由布院モデル」

　この「由布院モデル」は、50年近くにわたる由布院温泉の「観光まちづくり」の過程を、地域特性を基盤としたイノベーションモデルという21世紀的な文脈の中で再評価する試みである。モデル自体は由布院の経験から抽出したものであるが、他の地域の「観光まちづくり」にも、さらには観光に限らず農業や地場産業による地域経済活性化にも応用できる21世紀型の地域振興モデルになると筆者は考えている。

　由布院のまちづくりはしばしば「反開発・反大資本」あるいは「アンチ・マスツーリズム」という20世紀的な文脈の中で理解されてきた。このまちの経験は、安易な外来型・外発型の経済発展に頼るのではなく、地域の固有性を基盤とした経済発展を志向してきたことから、「内発的発展」の成功例とする考察もなされてきた。これは間違っていないが、こうした文脈でとらえられると、まちづくりの理念の先駆性と抵抗の姿勢の気高さといった「アンチ」や「反」の部分が強調されがちになり、なぜ「まちづくり」が観光地としての成功につながったのかという肝心な点には十分な関心が払われてこなかった。これは「内発的発展」の理論自体が必ずしも十分に発展しなかったことにも大きな理由があるかもしれない。「内発的発展」という考え方は理念として非常に魅力的なのだが、それによって「経済発展」を実現する具体的な方法の解明はほとんど進まなかった[*2]。それだけ地域資源や地域固有の価値を活かした経済活性化は難しい課題だったともいえる。

　しかし、21世紀に入って、地域特性を活かした「内発的」な地域振興策の必要性が日本経済全体にとって、とりわけ国内の「地方」にとって増している。他所からの企業誘致や成功事例の安易な模倣といった外来型・外発型の

経済振興がますます難しくなっているからである。これは、経済的にトップランナーになったからこそ、誘致や模倣すべき先行事例を追い求めることが難しくなっている先進国に共通する苦悩であり、すでに成熟期に入っている日本の観光も状況は同じである。それゆえ、今必要なのは、地域特性を活かした地域振興の具体的な方法を示す事例として由布院温泉の観光まちづくりを再評価することである。

　こうした視点からこのまちの経験を解明するための理論的な道具も21世紀的な経済環境の中で整えられてきている。「ブランド」と「イノベーション」は21世紀の企業、とりわけ先進国の企業にとって競争優位を獲得するための不可欠な戦略である。これは、「地域」という単位での競争力を説明する際にも同様の有効性を持っている。由布院温泉のまちづくりは、むしろこうした現代的な戦略を先取りする形で進められてきたが、この点が20世紀の文脈では十分に評価されてこなかった。由布院の観光まちづくりの経験を再評価することが、21世紀型の地域活性化の方法を考える上でも有益なヒントになると筆者は確信している。

注
*1　「由布院」という名前はもともと由布院温泉のある地域の地名だったが、1955年に隣接する湯平村と合併して湯布院町となった。さらに2005年に挾間町、庄内町と合併して由布市になり、現在の住所表記では「由布市湯布院町」となっている。そのため、本書では温泉およびその周辺の地名として「由布院」を、行政単位や住所に関係する地名として「湯布院」を使っている。

*2　内発的発展という考え方は、もともと1970年代に発展途上国の経済発展のあり方を希求する中から生まれてきた（この点については、西川潤〔1989〕、鶴見和子〔1989〕および〔1996〕を参照）。「南北問題」が世界的な課題となる中で、途上国の経済発展は単に欧米型資本主義を導入する「外発型・外来型」の方法とは異なった道があるのではないかという発想が発端になっている。安易な欧米化は途上国の環境を破壊し、固有の文化を喪失させる。まして、先進国への従属的な関係の解消にはならず、新しい国際的従属関係を生み出す。そこで、個々の国の資源や人々の生活様式に適合した経済発展のあり方、すなわち反先進国、アンチ欧米型の経済発展が必要とされると考えられた。

　しかし、その後の途上国の歩みは「内発的発展」とはかけ離れたものだった。1980年代以降、多くの途上国は先進国から積極的に外資と技術を導入して「欧米化」の道を進むことによって輝かしい経済発展を成し遂げた。地域の固有性を大事にするよりも、先進国との密接な結びつきの中で、そのやり方を模倣することで効果的な経済成長を実現したのである。そのため、「内発的発展」という考え方は十分に展開されることがなかった。

由布院に関する歴史年表（筆者作成）

年	内容
1924	本多静六博士が由布院で「由布院温泉発展策」を講演
1959	湯布院温泉(由布院温泉・湯平温泉・塚原温泉)が「国民保養温泉地」に指定される
1970	猪の瀬戸ゴルフ場問題。「由布院の自然を守る会」が発足
1971	「由布院の自然を守る会」が「明日の由布院を考える会」に改組
1975	大分県中部地震発生
	由布院に初めて辻馬車が走る
	第1回ゆふいん音楽祭開催
	第1回牛喰い絶叫大会開催
1976	町づくりシンポジウム「この町に子供は残るか」開催
	第1回湯布院映画祭開催
1984	大型観光ビル進出に地元自治会より反対署名運動が起こる
1988	湯布院町環境デザイン会議設置
	「アートフェスティバルゆふいん」が始まる
1989	「特急ゆふいんの森号」運行開始
1990	「潤いのある町づくり条例」制定
	由布院駅新駅舎完成
	「由布院観光総合事務所」が発足
1997	「ゆふいん料理研究会」が発足
2000	『ゆふいん建築・環境デザインガイドブック』発行
2002	「湯布院・いやしの里歩いて楽しいまちづくり交通社会実験」実施
2003	「挾間・庄内・湯布院法定合併協議会」発足
2005	挾間町・庄内町・湯布院町が合併し由布市発足
	NHK連続テレビ小説「風のハルカ」放映開始
2008	「湯の坪街道周辺地区景観計画・景観協定・紳士協定」策定
2016	熊本地震発生

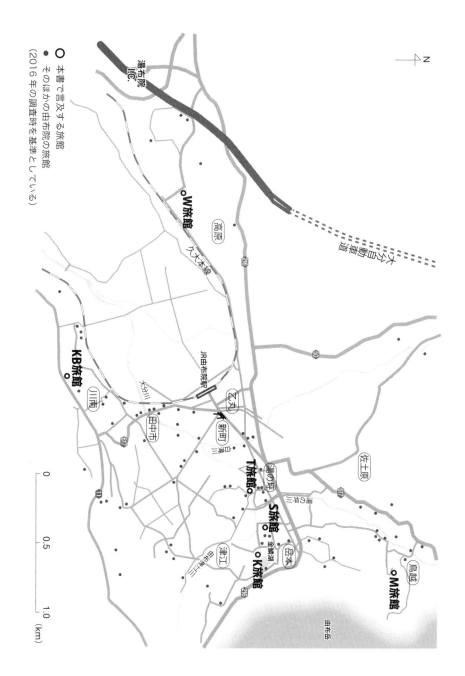

由布院地域の地図

第1章

「由布院らしさ」
＝地域特性をつくる

第1章では、由布院の「観光まちづくり」の基盤にある独自の特徴について考察する。その歩みは、観光とまちづくりを融合させた「観光まちづくり」の先行事例とされるが、それは現在見られる「地域づくり」による観光振興とは異なっているし、一般的な意味での「まちづくり」とも違ったものだった。

　その第一の特徴は、まちづくりにおける観光の位置づけにある。由布院の観光まちづくりは、「まちづくりのための観光」という考え方が出発点になっていることに根源的な特徴がある。つまり観光はそれ自体が目的なのではなく、まちづくりのための「手段」として位置づけられていて、「住み良い、美しい町」をつくるという目的のために観光は何ができるのか、何をすべきなのかを観光事業者たちが率先して考え、実践し続けてきた。出発点におけるこうした発想の違いが、由布院のまちづくりの方向性を大きく規定している。

　第二の特徴は、彼らが実現しようとした「美しい町」の捉え方にある。彼らが考える「美しい町」とは由布院らしい独自性のあるまちであり、それは地域環境、地域社会と地域経済という3要素が強く結びつくことによって実現される。3つの要素を結びつけるための「手段」として位置づけられたとき、観光は単に地域経済を構成する一産業という次元を超えて、「まち」を形づくるための大きな力を発揮する。観光が持つ力を使って独自のライフスタイルを持った「由布院らしさ」を守り、育むことを目的としてまちづくりは実践されてきた。その歩みは、観光を使った独自の方法によって「持続可能な地域」を具体化していく過程であったとも言える。

　そして、観光によって「由布院らしさ」＝地域特性をつくることは、観光地としての由布院の競争力を生み出す「戦略」と表裏一体の関係にある。観光の力を使って他のどこにもない「由布院らしさ」を実現することが、他とは差別化された「まち」のブランド力として観光の競争力を強化することになる。独自のライフスタイルに裏づけられたブランド・アイデンティティによってまち全体を差別化するという息の長い「ブランド化」戦略によって観光地としての由布院温泉の成功は実現され、現在も維持されている。

　以下で、由布院のまちづくりの経過を追いながら、こうした独自の特徴について詳しく考察していきたい。

1.「まちづくりのための観光」という基本姿勢

❖由布院における「観光まちづくり」の出発点＝「何のための観光なのか？」

　由布院温泉の「まちづくり」の歩みを振り返ってみる時、大きな画期となったのは1975年だった。この年の4月に発生した大分県中部地震は県内に大きな被害をもたらした。湯布院町郊外でも鉄筋コンクリート造のホテルが一部倒壊し、この様子が被災地の状況を伝えるために大きく報道された。実際には、由布院温泉の中心である由布院盆地の中は無事だったが、湯布院町全体が壊滅したかのような風評が立ち、宿泊予約のキャンセルが相次いだ。当時はまだ著名な温泉地とは言えなかった由布院では、ただでさえ少ない観光客がさらに減っていく危機的な状況の中で、無事であることを広く発信するために数々のイベントや企画が「つるべ撃ち」[*1]のように矢継ぎ早に繰り出されていった。

　1975年のうちには、第1回ゆふいん音楽祭、同じく第1回牛喰い絶叫大会が開催され、この間に辻馬車がまちを走るようになった。翌1976年には第1回湯布院映画祭が開催されている。こうしたイベントや企画は、まちづくりのリーダーとなる旅館の経営者たちが中心となって民間主導で企画、実施された。実施にあたって行政の関与は限定的で、チケット収入や、観光事業者をはじめとした地域住民や外部の協力者たちからの資金と労力の提供によって運営されていた。こうした企画は、その後このまちの名物として継続され、由布院の名前を広く発信するのに大きな役割を果たした。由布院盆地の豊かな自然とのどかな田園地帯をゆっくりと楽しむ辻馬車や、映画館がないまちに多くの俳優や映画関係者が集う映画祭、星空の下で楽しむコンサートなどは、われわれが現在「由布院らしい」と感じるイメージの形成に大きく貢献している。

　ただし、地震に弾かれたように繰り出された数々のイベントはいきなり始められたわけではない。しかも、これらのイベントは、その後も民間主導で長く続けられることからわかる通り、まちづくりの方向性にきちんと合致したものだった。こうした由布院らしいイベントや企画を高密度で短期間に連続開催できたのも、それ以前に比較的長い助走期間があったからである。

その助走期間の始まり、いわば「始まりの始まり」は、1970年の「猪の瀬戸ゴルフ場問題」にさかのぼる。この環境保全運動から始まった5年間は「明日の由布院を考える会」の活動時期にあたる。この会を通じて繰り返された話し合いと実践の中で、「まちづくり」の基本的な方向性と戦略、そして、それを実現するためのひとのつながり方、といったその後の歩みを形づくる基本的な要件が具体的な姿となって明確化されていった[*2]。まちづくりのリーダーの1人は、この会の活動に「由布院観光の核が潜んでいるように思える」[*3]と後に述懐している。

　まちづくりの発端となった猪の瀬戸は、別府からやまなみハイウェイを通って由布院盆地に至る途中にある。発展する別府の観光開発が周辺部に広がり、この地にゴルフ場を建設する計画が1970年に持ち上がった。山間にあるこの湿原は高山植物の宝庫であり、開発によって貴重な自然環境が破壊されることが予想された。行政区分上は別府市に属しているが、由布院温泉の玄関口にあたるため、「由布院の自然を守る会」が組織され、反対運動がはじまる。中心となったのは、後にまちづくりを牽引する観光事業者たちであり、事務局機能を担ったのは由布院温泉観光協会だった。

　「守る会」は、猪の瀬戸の保全を訴える各新聞への投書、ゴルフ場建設に対する100人の知名の士へのアンケート、建築業者の月例会への出席、町造りの雑誌『花水樹(はなみずき)』(図1・1)の発行といったさまざまな活動を通じて反対運動を展開していった。反対運動の広がりには、大分県自然愛護の会会長だった当時の湯布院町長も貢献していたが、旅館の主人たちの活動が中心的な役割を演じた。アンケートでは、顧客や知人として知名の士とつながっていた旅館のコネクションがフルに活用されている。期待通り回答者のほとんどから開発反対という声を集め、「知名士を重用する」[*4]マスコミを巻き込むことで、反対の声は大きくなっていった。その結果、開発事業者にゴル

図1・1　町造りの雑誌『花水樹』

フ場建設を断念させることに成功する。

　このゴルフ場開発への反対運動は由布院のまちづくりの原点となった出来事で、さまざまな点でその後の「まちづくり」に大きな影響を与えている。それは単に自然を守ることの大切さを訴えただけにとどまらない意味を持っていた。

　まず、この開発反対運動の大きな意味は、地域における「観光」の意味と役割を観光事業者に改めて問うことになった点にある。というのも、貴重な湿原を破壊しようとしたのも観光事業者ならば、それを中止に追い込んだのも観光事業者だった。観光は両刃の剣で、使い方次第で自然の破壊にも、保全にも作用する。それゆえ、この一件は観光の力をどう使うべきなのか、すなわち「何のための観光なのか？」という問いかけを観光事業者たちに投げかけることになった。

　この問いかけから出発していることが、由布院の観光まちづくりの最も根源的な特徴である。というのも、通常の観光地の場合、「何のための観光なのか？」という問いかけが提起されることはほとんどない。発想はまったく逆で、「観光のために何をするのか？」という問いが出発点になる。「観光のため」、つまり、旅館経営のため、あるいは、より多くの観光客を獲得するために何をするのかを考えることが観光事業者として当然のことであって、何らかの別の目的のために観光産業が存在しているとは考えられない。21世紀に入ってから全国各地が観光振興に取り組むようになっているが、こうした発想は現在でもなお同じである。

　しかし、由布院の観光事業者は貴重な「自然を守る」という目的のために、「手段」として観光の力を使うことに成功した。外部から声を集めるために旅館が持つコネクションが活用され、それを効果的に発信する手法もまた観光事業者が培ってきた得意のノウハウだった。この経験から、「何のための観光なのか」ということを観光事業者が問い続けていくことになる。観光産業の成功や成長、つまり観光客が増えたとか、それによって地域に（正確には観光事業者に）お金が落ちたとかが目的なのではなく、観光は地域のために何ができるのかという問いかけが起点となっていることが由布院のまちづくりの最も深部にある特徴である。観光事業者自身が、自分たちが営む観光は

「手段」であるというポジションを与えているところから由布院温泉の観光まちづくりの独自の歩みは始まっている。

❖ 「住み良い、美しい町」をつくるための観光

そして、ゴルフ場問題を契機としてもちあがった自然保護運動は、由布院盆地の自然環境を守ることの意味を改めて考えさせる端緒にもなった。猪の瀬戸問題の場合には、事態が切迫する中で、ゴルフ場建設に対して自然保護団体や意識の高い人たちの反対の声を広く町外から集めることは効果的な作戦であり、それによって開発を中止させることもできた。しかし、由布院盆地は人跡まばらな湿地ではなく、多様な人々の生業と生活が息づく地域であり、このまちの環境や景観は人々の暮らしと密接に関係しあっている。こうした地域では、町外から開発反対の声を集めるやり方で自然が守られるわけではない。地域の環境をつくり、そして守っているのは地域の住民や産業であって、「自然環境を守る」あるいは「環境を創る」ことの意味を「まち」という次元で深く問い直す必要があった。

それゆえ、「自然を守る運動」は、「唯単に観光の見地からのみ進められるものではなく」、産業や住民生活を含めた「由布院全体の問題として『住み良い、美しい町を造ろう』という立場に立って進められるべきだ」[*5]という「まちづくり」の視点へと必然的に昇華していくことになった。それに合わせて、自然を守るために観光の力を使った経験が、今度は「まちづくり」のための手段として観光を使うという考え方へと発展していった。いわば、「まちづくりのための観光」という考え方が由布院のまちづくりの出発点であり、基本的なスタンスであり続けていくことになる。

こうした変化とともに、観光協会を中心として発足した「由布院の自然を守る会」もまた、1971年が始まるとすぐに「明日の由布院を考える会」へと発展的に解消していく。構成メンバーは、「なるべく全町に拡がり、全年令・全職域・全利害にまたがるように」[*6]選ばれ、農業5人、観光5人、商業2人、その他4人に医師である会長を加えた17人が「実践会員」として参加していた。さらに町内の各組織の長17名を評議員という名のご意見番として加えている。分野や組織を横断して人々を集めるような「つながり方」は、そ

の後のまちづくりでも重要な役割を演じている。その意味でも「考える会」の活動は原点と呼ぶべきものだった。このことについては次章で詳しく述べる。
　そして、早速この「考える会」の発足と前後して、まちの「自然を守る」ことの意味がより先鋭的な形で問われることになる。1971 年に、湯布院町外の未開の湿地ではなく、今度は湯布院町内の町有地が大型レジャー施設のために売り渡される問題が発生した。猪の瀬戸ゴルフ場への反対運動を主導した旅館経営者たちはその延長線上に開発への反対の声をあげることになった。ところが、「考える会」の参加者の意見は必ずしも反対ではなかった。むしろ、「町民全体をみてみると賛成の人が多いと思うなあ」＊7 という状況で、新聞インタビューに応える形で一部の旅館経営者が「考える会」の総意であるかのように反対意見を表明したことのほうが問題視された。
　この大型観光施設の町内への誘致にあたっては、剛腕で知られた当時の湯布院町長が大きな役割を果たしていた。もともと自然を大切にする温泉保養地という路線を最初に引いたのは町長自身であり、実際彼は大分県自然愛護の会会長として猪の瀬戸ゴルフ場反対運動でもその力を発揮した。町長からすれば、外部資本の誘致は保養型の温泉観光地という路線をさらに進めるためのものだった。当時、高度成長を背景として、先行きが明るくない農林業用の土地を有効利用することで、「観光産業を興して農民を吸収してゆく」＊8 という「観光立町」を考えるべき段階にあった。自然を壊さないという条件をきちんと開発業者に守らせれば、由布院の自然の魅力を活かした観光開発を進めることは町にとって望ましいと町長は考えていた。
　しかし、まちづくり活動を始めたばかりのリーダーたちは、そうした外部資本による観光開発は「まちづくりのため」にならないという考えから反対の立場をとる。問題は、自然が守られればいいということではないし、観光だけが成長していけばいいということでもなかった。観光がまちづくりの「手段」である以上、観光はまちの暮らしと調和したものでなければならないし、「住み良い、美しい町」をつくることに積極的に貢献するものでなければならない。外部資本がまちづくりに貢献しようという発想で観光開発を行うことは期待すべくもなかった。そうした観光開発にまちの将来を委ねることは、まちの姿を自分たちで決める権利と責任を放棄することに等しいから

こそ反対すべきものであった。

　ところが、「まちづくりのための観光」という立場からの反対表明は、農家をはじめ、観光以外の他業種の人たちには理解しがたいものだった。そのため、まちづくりのリーダーたちは複雑な対立に追い込まれることになる。

　農家からすれば、この問題は「先がない農業」対「先がある観光」という対立の図式で捉えられていた。この図式の中では、観光のために自然や牧野を守れというのは旅館のエゴであって、「米作農家じゃ食うていかれんのじゃから…利用価値のない原野を売ってじゃな、それで食いつなぐ他に方法がない」[*9]「自然も良いけど実際には食えんからなあ、自然を売って金を得て、そして勤めを得るということは農家にとって救済でもあるわけじゃ」[*10]という声が上がる。今回の土地の売却についても、町有地を維持管理する入会権を持つ農家から「手入れするだけでも重荷になっておる共有の原野を売って生活を立て直す他に方法がない」[*11]という声があがったことに湯布院町が応えたものだということが明らかになった。

　こうした事態を前にして、由布院というまちの「自然を守る」ためには、単に緑と静けさを守れと声をあげるだけではすまされない。いくら環境を守ることが大切だから土地は売るなと言っても、「自然では飯が食えない」という農家からの声に応えない限り、農地や原野は外部の観光開発業者に売却される。まちの環境や景観を守ることは、その環境の中で営まれている農業などの産業を守ることであり、農業を守ることは農家の所得を守ることだということが、この問題で明確になっていった。

　考える会に参加していた観光事業者たちは、農業対観光という図式でこの問題をとらえていなかった。観光は、農業と対立するような独自の利害を持つ一産業ではなく、むしろ、観光を手段として使うことで、農業などの地域産業の振興に貢献できると考えていた。それゆえ、観光事業者たちは、由布院の農業を守り、さらには商業などの地域の産業を守るための「手段」として観光の力を使うにはどうすれば良いのかを考えていくことになる。問題は、まちの産業の望ましいありようを住民自身が連帯して考え、その将来像を共有しながら、実現のために諸産業の利害を超えて手を結べるかどうかという点にあった。リーダーたちは、そうした産業分野や組織を超えたつながりを

生み出すための場づくりを積極的にしかけていくことになる。

　結局この問題は、大型レジャー開発資本の進出を容認するとともに、開発事業者と湯布院町の間で自然を保護するための厳しい「確約書」を交わし、今後のために「湯布院町自然保護条例」を制定するという痛み分けのような顛末となった。しかし、「考える会」の中で繰り返された異業種間の話し合いの中で、まちづくりの基本姿勢が時間をかけて共有され、それを具体的な形にしていくための実践的な活動へとつながっていった。

2.「持続可能な地域」をつくる

❖まちづくりの3つの柱

　リーダーたちが目指そうとした「住み良い、美しい町」はどのような形で具体化されていくことになったのか。「明日の由布院を考える会」では、まちのあるべき姿を実現していくために、以下のような「三つの柱」を設定している。

　「①産業を育て町を豊かにする。

　　②美しい町並みと環境をつくる。

　　③なごやかな人間関係をつくる」[*12]

　そして、この3つの目標に向けて、それぞれ「産業部会」「環境部会」「人間部会」という3つの部会が設けられて「積極的な行動を開始する」[*13]ことになった。

　興味深いことに、「考える会」が活動の中心に据えたこれらの3つの柱を、「地域経済」「地域環境」「地域社会」と読み替えれば、「持続可能な観光」を説明するための図式(図1・2)[*14]と一致する。また、この図式は「持続可能な地域（コミュニティ）」について語る場合にもしばしば用いられる。いずれの場合にも、「持続可能性」はこの3要素のバランスの上に成り立つとされ、これは21世紀における最先端の課題であるが、すでに50年近く前に、この3要素を考慮しながら由布院のまちづくりは構想されていた。

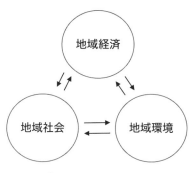

図 1・2 「地域」を構成する 3 つの要素

❖ 「持続可能な観光」との違い

　しかし、由布院温泉の「まちづくり」が目指したのは、一般的な意味での「持続可能な観光」ではない。「持続可能な観光」は、観光産業の成長がもたらす弊害に対するリアクションとして 20 世紀末から登場してきた概念であり、21 世紀の観光にとって最も重要な課題であるとされる。環境問題が世界的な関心事となる中で、観光産業が成長することによって引き起こされる環境破壊が大きな問題として認識されるようになったことが背景の 1 つになっている[*15]。観光産業は本来、希少な自然環境や美しい景観といった「地域環境」によって成り立つはずなのに、観光産業の成長がそれらを破壊する現象がしばしば起こる。これでは観光を持続的に営むことができない。

　また、経済成長を目指す発展途上国における外貨獲得策として観光開発が行われる場合によく見られるように、先進国の観光開発事業者による乱開発や、大量に押し寄せる外国人観光客と現地人の格差も大きな問題と考えられるようになった。さらには、こうした格差だけではなく、開発の過程で地域の伝統的な生活様式や文化が破壊されるなど、観光は「地域社会」にも負のインパクトをもたらす。こうした地域社会の疲弊もまた観光産業それ自体の持続性を損なうものとして問題視されている。

　それゆえ、観光が持続的に営まれるためには、観光産業の経済的収益性の確保はもちろん重要だが、それだけを追求するのではなく、「地域環境」や「地域社会」と調和し、それらに恩恵をもたらすような観光のあり方が模索されなければならないと考えられている。地域環境と地域社会こそが観光産業

に金の卵を生んでくれるアヒルなのに、それを殺してしまっては元も子もない。それゆえ、「経済」と「環境」と「社会」のそれぞれが保全され、互いが調和してバランスを保てるような、オルタナティブ・ツーリズム（もう1つの観光）やコミュニティ・ベースド・ツーリズム（地域を基盤とした観光）というサステイナブル・ツーリズム（持続可能な観光）のあり方が特に観光の研究者から強く求められている。

　こうした「持続可能な観光」と由布院が目指したまちづくりとの大きな違いは、前者で問題になっているのは観光産業自体の持続性だという点にある。そこでは、観光産業はあくまでも「地域経済」の一部として認識されていて、それが持続的に営まれるための条件として、地域環境や地域社会に負荷をかけないようにしなければならないと考えられている。そのため、観光が生み出す「弊害」の改善や予防が第一の問題となっていて、負の影響が生じないように観光産業の成長を管理したり、観光が生み出す経済的な恩恵を地域の人たちに分配したりすることが最優先の課題と考えられる。大型レジャー施設の誘致問題に見られた湯布院町長の姿勢は、こうした意味での「持続可能な観光」を目指すものだった。

　しかし、まちづくりのリーダーたちが目指したのは観光自体の持続可能性ではないし、自らの営む観光を地域経済の一構成要素として捉えていたわけでもない。観光は「まちづくり」という目的のための手段であり、観光が地域にマイナスを与えないだけではなく、観光の力を使うことによって地域の自然環境はもちろん、農業など他の地域産業＝地域経済、さらには地域社会における人のあり方にもプラスになるような積極的な働きができるという考え方が「考える会」の3本の柱には示されている。実際、「産業部会」では「由布院の農業を考える」ことが中心的なテーマに設定され、観光はそのために何をできるのかが繰り返し話し合われている。そこでは、観光産業自体の持続性がテーマになることはなかった。つまり、由布院のまちづくりは、観光を手段として「まち」そのものの持続可能性を追求する営みだった。

❖ 「地域経済」「地域環境」「地域社会」を結びつける

　先に触れたように、持続可能な観光だけではなく、「地域」の持続性もま

た地域経済、地域社会、地域環境という3要素の調和やバランスによって実現されると考えられている。「考える会」の活動の中心的なテーマとなっていたのも由布院という「地域」の持続性だった。こうした姿勢は、会の活動を引き継いで1976年に湯布院町で開催された全国規模のまちづくりシンポジウムのテーマが「この町に子供は残るか」[*16]だったことからもわかる。このテーマには、次世代においてもまた地域が持続していけるかどうかを率直に問う姿勢が示されている。

ただし、由布院のまちづくりの実践において示されたのは、3つの柱の調和やバランス以上のものだった。というのも、考える会では、3要素のそれぞれが別個のものとして個々に保全されるのではなく、それらを一体のものとして「結びつける」ことで保全するという考えを活動の中心に据えていた。そのため、「考える会」の3つの部会はそれぞれが相互に独立したものではなく、相互に関連し合う関係になっている。

「明日の由布院を考える会」が1973年にまとめた活動報告では、産業部会について「経済的自立が第一というのが、私たちの考え方の基本であった。環境部会も、産業の豊かな生活空間こそが、最も望ましい環境であるとして産業を重視していたし、人間部会にしても、自立の精神、あるいはコミュニティの連帯感の基盤として産業を考えていた」[*17]と述べられている。他方で、環境部会については、「環境問題が単なる風景の問題として受けとられるのが、私たちの頭痛の種であった」として、「環境問題は、美わしき風景論でもなければ、環境文化論でもない」のであって、地域経済を成り立たせるための「ギリギリの生活の方便といった発想」[*18]が根底にあると述べられている。つまり、地域に根差した産業を守ることが環境を守ることにつながり、また逆に地域の環境を守ることが産業の活性化につながるはずだと考えられている。環境を守ることが「生活の方便」として地域経済を振興できる理由は、美しい環境をつくることで「特殊市場」を形成できるからなのだが、その意味については次節で述べる。

また、「人間部会」では人々のつながりについて議論されたが、その意味は地域の美しい環境と豊かな産業によって「自立の精神、あるいはコミュニティの連帯感」が生み出されるというだけではなかった。環境を守り、産業

を強くしていくためには地域内のさまざまな団体、あるいは個人の「つながり」を再構築しながら深めていく必要があった*19。観光を手段として「まち」をつくるために、観光と地域内のさまざまな産業、さらには多様な住民が個々の利害を超えたつながりをどうやって地域内に創り出していくかが人間部会の大きなテーマだった。

　このように、「地域経済」「地域環境」「地域社会」を結びつけることによって「美しい町」がつくられるという独自の考え方は、「明日の由布院を考える会」の活動を通じて1970年代に形づくられ、その後のまちづくりの過程でも一貫した基本戦略となって存在し続けている。当初のテーマであった環境問題にしても、由布院の地域環境を守るためには農業を守らなければならないのだが、逆に農業を守るためには地域環境を最大限に活用し、地域の人間関係を再構築していく必要があった。地域の環境から生み出された素材を使って、自立した産業が営まれることで、人々の関係が育まれる。あるいは逆に、人々の関係をつなぎ直すことで、地域の環境に立脚した産業の自立性を強化する。先の3要素が相互に結びつくことで、お互いを保全し、発展させることができる。こうした3要素の相互促進的なプラスの関係づくりが「結びつける」ことの意味である(図1・3)。

　第3章を中心に例証する通り、観光事業者が「まちづくり」の過程で取り組んでいくさまざまな実践では、常にこの3要素のそれぞれを相互にプラスになるように結びつけることが意識されている。

❖ **一般的な「まちづくり」との違い**
　3要素を個々別々に保全するのではなく、相互に「結びつける」という考え方に由布院のまちづくりの独自性があると述べてきたが、その独自性を説明するためには、「まちづくり」という活動が生まれてくる背景とその意味を説明する必要がある。由布院の「観光まちづくり」では、「観光」に独自の位置づけが与えられているように、「まちづくり」も一般的な捉え方とは異なった特徴を持っている。

　「地域(コミュニティ)」の持続性を語る際に、「地域経済」「地域社会」「地域環境」という3要素の「調和」や「バランス」が強調されるのは、近代化

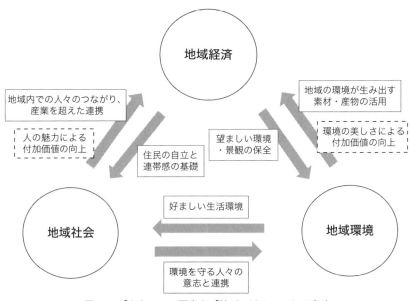

図1・3 「まち」の3要素を「結びつける」ことの意味
図中の破線枠は、観光による地域産品の「ブランド化」戦略を示す。

にともなって「経済」要因だけが巨大化することで、これらの3要素の力関係が崩れるからである。

 「近代化」とは、市場経済の浸透と、それにともなう資本主義社会への移行を意味している。こうした近代化の波は、産業・工場誘致などに典型的にみられるように外部から工業化を受け入れる「外来型」の経済発展や、外部の近代化の成功事例を積極的に模倣する「外発型」の開発として進められる。「外来型・外発型」[20]の経済発展が地域の外部から否応なく押し寄せる、あるいは地域社会が積極的に誘致・模倣することで資本主義化が進み、「地域経済」が急速に成長する。

 資本主義社会の特徴は生産力を飛躍的に増大させる点にあるので、近代化にともなう経済の発展は物的な豊かさを人々にもたらす。ところが、「経済」のみの成長は3要素のバランスを崩し、「地域環境」や「地域社会」に負のインパクトをもたらすことになる。市場経済・資本主義社会は①市場を通じた社会的関係（貨幣関係）の全面化、②経済成長至上主義、③経済効率性の追求、という特徴を持っていて、これらは豊かさの反面として地域社会にさ

まざまな問題も引き起こすことになる。

　まず、①の市場関係の全面化と浸透は、従来の地域社会に存在したさまざまな相互扶助や共助、協働の関係を貨幣関係に置き換えることで、地域内の多様な人的つながりを解体していく。また、②の経済成長の追求によって、公害問題に典型的に見られるように自然や生態系が破壊されるだけでなく、地域社会の伝統的な家族関係や生活文化が変容したりする。さらに、③の経済効率性の追求は、地域の個性や独自性を消失させ、均質なライフスタイルへと人々を収斂させる。便利な住環境を求めて伝統的な建築物やまち並みが壊されたり、郊外の幹線道路へと広がる大型店によって中心市街地が衰退したり、食文化の均質化によって伝統的な郷土料理が失われたり、こうした変化によって住まい方も暮らし方も画一化されたものになっていく。

　そのため、人々が地域社会とのつながりを失う孤立化・無縁化や行き過ぎた個人主義、「開発」による地域環境の破壊や伝統的な生活様式の解体、便利さを追求した無個性なまち並みの形成や画一的な消費生活などが近代化の典型的な問題として現れる。日本国内では、第2次世界大戦後の高度成長期を通じて資本主義が急速に成長することで物質的な豊かさが実現されたが、それと同時に近代化が生み出すさまざまな問題もまた地域社会を覆うことになった。

　「まちづくり」という活動は、近代化にともなう「地域経済」の大きな成長によってもたらされるさまざまな社会問題を背景として、それらに対抗する活動として発生してくる。近代化への対抗運動は労働運動や環境保護運動など多様な形で現れるが、「まちづくり」は、自分たちが暮らす場所としての「まち」を立脚点として、地域社会のつながりや伝統的な生活文化の保全、さらには、その基盤となっている地域独自の自然環境や生活環境を保全しようとする住民の主体的な活動として生まれてきた（図1・4）。

　このため、一般的なまちづくりは資本主義「経済」の巨大な成長と浸透によって生じる負のインパクトに抵抗することで、あるいは経済から地域社会や地域環境を切り離すことで地域の固有性を保全する活動であり、ある意味では外から押し寄せる経済発展の波に対抗する内向き運動として生じてくる。この点について西村幸夫が簡潔にまとめているように、「もともとまちづく

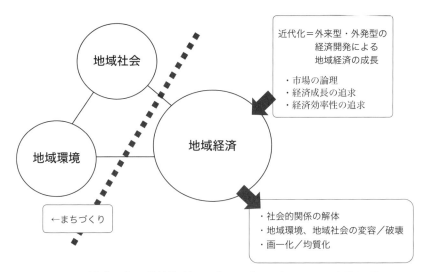

図1・4　近代化による「地域経済」の成長と「まちづくり」の一般的な関係

りは地域社会と地域環境の維持・向上という内向的な問題意識から出発するので、地域経済を発展させるといった対外的な意識は薄い」*21 ということになる。まちづくりにおいて「アマチュアリズム」が尊ばれたりするのも、これが「地域経済」というプロの生業にかかわる領域とは一線を画する次元での活動であることに起因している。

ただし、西村が続けて述べているように、これは「地域経済が安定しているという前提」*22 があってはじめて成り立つ「まちづくり」である。経済開発の力が強ければ、それへの抵抗運動としての「まちづくり」の力も強まるし、それが持つ意味も大きくなる。外部からの開発を押しとどめて地域の自然環境を守った猪の瀬戸のゴルフ場への反対運動では、この図式があてはまった。

しかし、「明日の由布院を考える会」から始まる活動は、こうした「まちづくり」とは異なっている。大型レジャー施設問題で明らかになったことは、外部資本の流入による地域経済の成長に反対するだけでは自然は守れないという現実だった。由布院の「地域環境」は農業などの地域産業によって形づくられているのだから、「地域経済」が成り立たなくなれば地域環境を守ることができない。それゆえ、由布院の自然を壊さないようにすれば良いわけで

も、観光産業だけが成長していけば良いわけでもなかった。だからこそ、単なる開発反対運動や保全活動を超えた「まちづくり」のあり方が必要とされた。

　こうしたまちづくりのためには、「地域環境」や「地域社会」をそれぞれ個々に独立したものとして保全するのではなく、それらを地域経済と積極的に「結びつける」必要があった。そこで、経済開発の波から地域環境や地域社会を切り離すのではなく、地域環境や地域社会を地域経済と積極的に結びつけることで守っていく戦略が構想されることになる。そのためには、地域環境や地域社会に根差して成り立つ地域経済のあり方が必要であり、「考える会」はその方法を模索し続けていった。

3.　観光が持つまちづくりの力

　では、これらの3要素が結びついたまちを実現するために、なぜ観光を「手段」として使うことができるのか。観光は外部から人を招き入れ、外部との接触を創り出すという特性を持つ産業である。由布院との「出会い」を創り出す営みとしての観光は、単なる地域の一産業に留まらない「独自の力」を発揮することができる。

❖「特殊市場」を創り出す観光

　観光が持っている第一の「独自の力」は、「特殊市場」[*23] を創り出すことができる点にある。観光がつくり出す「特殊市場」という考え方は、「考える会」で1972年に《なぜ農業では飯が食えないのか》というテーマについて議論した際に、観光と農業の融合を目指す中でその意味が明確化されている。

　農業の経営的な難しさはさまざまな要因によるものだが、「外部市場」「一般市場」の不安定さが大きな問題となっていることが農家から語られている。現在でも農産物の主要な市場は大消費地としての都市にあって、「地方」ではそうした外部市場に出荷することを目指した農業が営まれている。しかし、すべての産地がそうした市場を目指すので、必然的に他産地の作物との激し

い競争関係に入らざるをえない。そのため、競争によって価格は乱高下しがちであり、それが農家の安定的な経営を難しくしている。

こうした不安定な「外部市場・一般市場」に対して、観光はその特性によって「特殊市場」を形成することができる。そこには2つの意味がある。

まず1つには、外部市場に対して「内部市場」を創り出すという意味である。観光は、外部から人＝消費者を招き入れる産業であり、地域の内部に地域産品の消費市場を創り出すことができる。たとえば、旅館で提供される料理の食材や土産物が代表例であるが、これらは地域内に開かれる市場なので、他の産地との競争にさらされにくい「特殊市場」となる。

ただし観光地には、外部から食材や土産物が流入することもありうる。というより、観光産業の規模が大きくなればなるほど、外部の産品への依存度が高くなる傾向がある。大量の観光客を受け入れるためには、食事や土産を大量に安定供給しなければならないので、コスト面や安定調達面から地域産品を使うことが難しくなるからである。観光事業者が自分たちの収益性だけを優先すれば、他産地の安価な食材や素材を使用するほうが都合が良いので、地域産品との結びつきは簡単に失われる。これは国内の観光地で一般的に見られる現象であり、由布院温泉の場合にも地域の産物を使った「名物」が育つたびに安価な原材料が外部から流入するということを繰り返し経験している。

それゆえ、地域内の農業者と観光事業者が「地域の農業を守る」という共通の目標を持ち、食材や土産物には地域産品を使うという連帯意識を持たなければ、地域の農業や特産品のための内部市場を創り出すことはできない。無理に地物にこだわることは旅館や観光事業者の収益を損なうことが多いのだが、由布院の観光事業者たちは「まちづくりのため」という基本的な姿勢に立つことで、地域の産業のためにこうした市場をつくることに繰り返し挑戦してきた。地産地消に強いこだわりを持ってきたことが由布院温泉の大きな特徴であることは第3章で改めて述べるが、旅館で使う食材だけではなく、旅館自らが積極的に地域産品を活用した土産物の開発にも取り組んできた。「考える会」では、その端緒として味噌づくりと味噌漬けを由布院の名物として売り出そうという活動が行われている。

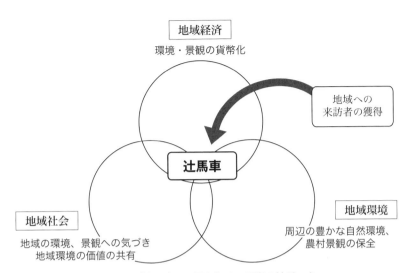

図1·5 「辻馬車」に見られる3要素の結びつき

　そして、「内部市場」で売られるものは、食材や土産物だけに限らない。観光によって外部から消費者を招き入れることができれば、外部に移出できない景観や自然環境にも市場を拓くことができる。この代表的な例が1975年から始められた辻馬車である。由布院の美しい景観は外部には移出できないので、地域経済が外部市場だけに依存しているならば、「景色や自然はお金にならない」ということになる。しかし、辻馬車は「お金にならない」はずの景観をお金に換えるための手段となった。

　ただ、「考える会」での議論を経て企画されただけに、地域の景観をお金に換えることで、「地域環境」を「地域経済」と結びつけただけではない。由布院の景色を見るためにお金を払う人たちがいるという事実を創り出すことで、由布院の自然や景観にそれだけの価値があることを町内の人たちに気づかせることも狙いの1つだった。地域の環境は、その価値を理解している地域住民によって守られるので、「地域環境」を「地域経済」と結びつけることによって、「地域社会」の意識を変えていくことが必要になる。その意味で、辻馬車は単に由布院の景色を見せる観光アトラクションではなく、先の3要素を結びつける取り組みとなっている（図1·5）。

　また、こうした内部市場は、同じく外部に移出できない域内の対人サービ

ス産業にも新たな市場を拓くことができる。由布院が常に滞在型の観光地を志向してきたのも、観光がつくり出す内部市場の効果を町内の各種サービスへと広く、大きくしていくためである。第3章で述べる美術館や博物館はもとより、地元の商店や、果ては近所の床屋までを旅館の主人たちは来訪者に勧め続けた。こうした内部市場の効果を大きくするためには、旅館が宿泊客を囲い込まずにまちに出すとともに、地域の商店や飲食店が観光客にとっても魅力あるものになっていくという双方の合意が必要になる。こうした人間関係をつくることで、内部市場の効果を大きくしていくことができ、望ましいまち並みが形成されていく。「原宿化」という批判をうける湯の坪街道でも、地域外からも押し寄せる多様な商店や飲食店がひしめく中で、こうした戦略を共有していくための「つながり」をつくることで景観を整えていく営みが根気強く続けられている[*24]。

　そして、観光による「特殊市場」のもう1つの意味は、「一般市場」に対して「差別化された市場」を創り出す点にある。この点について、「明日の由布院を考える会」での話し合いの中で、以下のように簡潔にまとめられている。

　「観光農業というのはな、ただ旅館が料理材料に使うというだけではないんじゃ、例えばお客が湯布院トマトをモギにくる。土産に買うて帰る。口々に湯布院トマトのことを宣伝する。そういうことがな、湯布院トマトの市場を拡めてゆくと思うんじゃ、観光農業の強みちゃそれじゃねえかな。」[*25]

　こうした観光の効果が「差別化された市場」を意味している。それは単に観光を通じて産物の宣伝をするというだけの意味ではない。由布院の産物は、外部市場に出荷してしまえばたんなるモノに過ぎない。それがつくられている場所の景色や、それをつくっている生産者の顔はモノからは見えない。しかし、観光は外部から消費者を現地に呼び込むことができるので、地域の美しい景観や由布院の人々に実際に触れる場をつくることができる。そうすることで、産物は単なるモノではなく、地域のイメージと一体化した「差別化された市場」において顧客から認識されることになる（図1・3の破線枠）。

　こうした「差別化された市場」は、「ブランド化された市場」と言い換えることもできる。観光地としての由布院の戦略においても「ブランド化」が重要な意味を持っていることについては後に述べるが、観光を「手段」とし

て使うことで地域産品をブランド化することができる。ただし、こうした戦略の核にあるものは、近年多くの地域が取り組んでいる「地域ブランド」とは少なからず違った意味を持っている。一般的にブランド化とは、地域産品の生産技術の高さや品質保証などによって外部市場で他産地との差別化を図ることだと考えられている。しかし、由布院のブランド化は「『来て見てよ。そして、この商品がどういうところで、どういう人たちによって作られているか、見てください。一目瞭然です。』というのが地域ブランドの基本的な目線でしょう」[26] という考え方に立脚している。つまり、他の産地との「差別化」の源泉となっているのは、個々の産物の品質や技術力ではなく、地域の環境や人々と一体化した「まち」の魅力である。

　観光は、地域産物を地域全体のイメージと結びつけるための手段となることで、地域の内部だけではなく、外部にも継続的な「特殊市場」を創り出すことができる。先に述べたように、「環境問題は、美わしき風景論でもなければ、環境文化論でもない、ギリギリの生活の方便」[27] なのは、「美しい町」の魅力によって由布院自体を特殊市場化して、「『由布院のなにがし』という附加価値に乗って勝負しよう」[28] という発想が根底にあるからである。観光によって由布院の魅力を体感してもらい、この地域の強力なファンを生み出し、顧客との深い人間関係をつくることで、地域産品の付加価値を高めるための差別化された市場を創り出すことができる。それゆえ、美しい「地域環境」と心地良い「地域社会」を保全することが地域の産業を自立させるためには不可欠なのである。「考える会」では、「由布院のなにがし」として名物化する候補として、味噌漬けに続けて、お茶、トマト、シイタケについても検討が行われた。「特殊市場」による農業振興の構想は、その後「ゆふいん流グリーンツーリズム」あるいは「ゆふいん親類倶楽部」といった活動に継承されていった。

　このように、外部から人を招き入れて地域の魅力に触れてもらう営みである「観光」は、地域産業にとっての「特殊市場」（「内部市場」と「差別化された市場」）を創り出す独自の力を持っている。こうした特殊市場を通じて、「このまちの土にできたものがあって、それを作る人があって」「農家や工人によって作られたものを観光屋が売る」[29] ということが、「考える会」の活動

から構想され、実践に移されていった。こうした地域の農業、地域産品へのこだわりは「観光のため」の名物づくりではない。「地域の農業のため」に観光を使って特殊市場をつくる、というまちづくりの戦略が基盤となっている。会の活動が終わった後も、由布院の環境から生まれる素材と、そこから生み出される産物の付加価値を観光の力を使って高めて売るという息の長い試みが「まちづくり」として続けられていくことになる。

❖ 外部資源の導入窓口としての観光

　観光が持っているもう1つの独自の力は、外部資源の導入窓口になる点にある。観光が地域に招き入れる来訪者は、単に「消費者」として特殊市場を創り出すだけではなく、さまざまな資源を地域にもたらしてくれる。その資源とは、資金の場合もあるし、情報や知識、さらには技術やマンパワーなどもある。旅館が顧客との強い関係を創り出せば、こうした資源の導入もより効果的に進めることができる。

　まちづくりの端緒となった猪の瀬戸のゴルフ場問題の際に、すでに旅館のコネクションをフルに活用して知名の士の「声」を集めることで開発を断念させることに成功していた。外部からの反対意見によって効果的な運動が展開できると考えた観光事業者たちは「声」という資源を導入することに努めた。由布院のまちづくりは、しばしば観光を通じてこうした外部資源を導入し、それを積極的に活用することによって推し進められている。

　そして、外部資源の典型的な活用例が、「考える会」の活動から始まった「牛一頭牧場運動」だった。この取り組みは、1971年の大型レジャー資本誘致問題の延長線上にある。この一件から明らかになったことは、観光開発から原野を守るためには牧畜を守らなければならないし、牧畜を守るためには畜産農家の経営を守らなければならない、ということだった。畜産農家では食えない、となれば牧野は売り払われるか、放置される。

　そのため、考える会では牧畜を含めて農家の経営がどのようにすれば成り立つのかという話し合いが行われた。由布院の農業がおかれている厳しい状況は、先に述べた外部の一般市場の不安定さが大きな理由になっていたが、その他にも多くの理由があった。農産物の輸入や兼業農家の増大といった国

内農業に共通する問題から、土地の値上がりや身近に日稼ぎができる場があるといった由布院特有の問題までさまざまな理由が話し合いの場で語られている。その1つとして挙げられたのが、「四〜五年の資金ねかせの問題」[*30]だった。多くの農産物はすぐに産物が実って収入が得られるわけではなく、投資してから成長を待つ時間がどうしても必要になる。畜産の場合にも、子牛を買ってから育てて出荷するまで現金収入が得られない。農家の経営にとって、この「資金ねかせ」の重さは大きな問題だった。

そこで考え出されたのが「牛一頭牧場運動」だった。「『別荘主になるよりも牧場主になりませんか』っていうキャッチ・コピーで」[*31]都会に住む人たちに子牛を買ってもらい、それを由布院の農家が預かって牧野で5年間育て、その間地域産品を「利息」として送る。そして、成牛を出荷した段階で預かった資金を返還すれば、畜産農家の初期投資の負担を軽減できる。子牛のオーナーとなる「都会に住む人たち」は美しい自然に惹かれて訪れる由布院の旅館のお得意様たちだった。由布院の美しい草原を守りたいという彼らの善意と、それに裏づけられた資金（当時20万円だった）を由布院の農家と結びつけることによって、農家の経営を支援し、それによって牧野を守る活動が展開された。

この活動は、畜産農家と旅館のつながりから、農家と旅館の顧客をつないで外部資金を導入することで「資金ねかせ」の負担を軽減し、農家の経営を改善することによって牧野を守るという「3要素を結びつける」典型的な事例である（図1・6）。もちろん、こうした活動は「由布院の牧野を守る」という共通の目標を農家と旅館、さらには出資者となる顧客が共有することで初めて可能になる。

先に触れた由布院の名物イベントである「牛喰い絶叫大会」は、もともと牛のオーナーと農家との交流会という趣旨から始まっている。牛一頭牧場運動は1971年から17年続いて終わるが、このイベントは今でも毎年開催されている。交流会と称して牧草地で牛肉のバーベキューを食べた後に、広々とした牧野に向かって大声を競い合って叫ぶというわかりやすいイベントは、毎年秋の恒例行事としてニュースなどで取り上げられている。牛一頭牧場運動というユニークな取り組みも情報発信力のある企画だったが、牛喰い絶叫

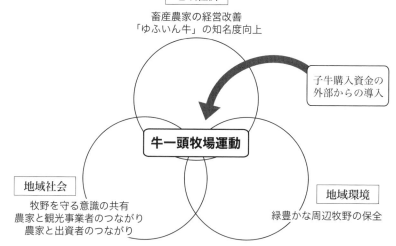

図1・6 「牛一頭牧場運動」に見られる3要素の結びつき

大会はさらにマスコミ受けするように仕掛けがなされている。これらの一連の取り組みは由布院の名を広めるとともに、「ゆふいん牛」の知名度を上げていくことにも貢献してきた。ただし、牛喰い絶叫大会の大きな意味は、イベントによって由布院の名前を外部に発信することよりも、内部の人たちがまちづくりの原点とその戦略を体感し、共有するための場を創り出す点にある。このことは第2章で述べる。

　観光によって導入された外部資源は、ゴルフ場反対の「声」や子牛を買う善意の「資金」だけではない。観光客として外部からやってくる人たちがもたらす知識や情報、さらには旅館の主人たちのコネクションを通じて技術やマンパワーも積極的に導入され、まちづくりに活用されていった。特に、由布院の自然や農業から生み出される素材を付加価値の高い産品へと加工していくための技術と、その技術を持った人材の導入が積極的に試みられている。「ものづくり」という点で強みを持っていなかった由布院では、こうした人材の導入によって地域産業の弱点を克服しようとしてきた。第3章で述べるように由布院の農産物を活用する料理人の他にも、地域内の雑木を食器に加工する木工技術者などの外部人材が旅館のコネクションによって招聘されている。こうした技術導入によって、農業だけに限らず、木工や衣類など、地域

の環境が生み出す素材を使ったさまざまなものづくりが試みられ、地域環境を地域経済へと結びつけていく作業が継続的に行われている。

1975年から開催されている「音楽祭」や翌年からの「映画祭」も、外部から多くの知識とマンパワーを導入することによって成り立っている。こうした資源の多くは、旅館主たちが持つ個人的ネットワークや、そこから芋づる式に掘り出された人脈をたぐりながら地域内に導入されている。外部から招聘される演奏家や映画関係者には旅館での宿泊や食事が提供され、イベントのスタッフたちも旅館や地域住民から食事や寝床などのフリースペースの提供を受けて湯布院町での活動を行っている。

ただし、外部資源の導入は常に両刃の剣である。特に外部からの人材が中心となって活動が行われる場合には、外の人たちが由布院で「場所借り」をして勝手なことをやっている、という地元住民からの冷ややかな反応を招くことになりかねない。実際、映画祭や音楽祭は、観光屋と外の人たちがやっているイベントで地元民は関係ないという批判が常について回っていた。こうした地元住民の認識を払拭するために、外部から導入された資源を「内部化」する息の長い活動もまた「まちづくり」として進められていった。

❖**観光の「風」を地域の「土」と混ぜる**

観光は、特殊市場を創り出し、外部資源の導入窓口となることで、「まちづくり」の手段として大きな力を発揮できるし、実際まちづくりのリーダーたちはそういう意図を持って観光の力を使ってきた。「『支え、支えられる良い関係』を村外と結ぶことなしには、村内の『元気・安心』は保てない」＊32 という考え方に立って、「村」と外部との出会いの場をつくることに取り組んできた。こうした観光が持つ独自の機能を、由布院の観光事業者たちはしばしば「風」という言葉で象徴的に表現している。1980年代にまちづくり活動の中心となった集まりの1つは「西風の会」という名で呼ばれ、その機関誌は「風の計画」と名づけられている。由布院を舞台とした2005年の朝の連続テレビ小説のタイトルが「風のハルカ」なのも1つのメタファーだった。

観光は常に外部との接触によって成り立ち、外部からのさまざまなものを地域内にもたらす。その意味で、観光は外から風を入れるために地域に開か

れた「窓」だと言える。由布院の観光事業者は、こうした観光の効果をまちづくりに積極的に活用してきた。地域にとっての「窓」として地域内に消費者を呼び込んで市場を創り出し、外部のさまざまな知識や技術を導入していった。「はじめに」で述べたように、変化し続けていることが由布院のまちづくりの特徴なのだが、まちに変化をもたらす風を呼び込むことが観光の大きな役割であり、リーダーとなった旅館主たちは意図的にそれをまちづくりの「手段」として使ってきた。

　ただし、外からの風が強すぎると、地域の「土」は飛ばされてしまい、地域の独自性が失われてしまう。外来型の「近代化」がそうであったように、多くの地域がそうした経験をしている。だからと言って、逆に風が吹かないと地域は停滞する。それゆえ、風を由布院の「土」と混ぜることで変化をもたらし、地域全体の地力を上げることで、地域の経済的な自立を目指してきた。有名観光地となった1990年代の「第二次由布院温泉観光5か年計画（'95〜'99）」のテーマとして「花咲くよりも根を肥やせ」というキャッチフレーズを使おうとしたように、観光ばかりが急成長するのではなく、観光が地域にもたらす効果を「土」と混ぜる作業の重要性が強調されている。観光を手段として「地域環境」と「地域社会」を「地域経済」と結びつけるという戦略は、観光によって外から取り入れた風を「内部化」して由布院の「土」と混ぜることによって、独自性を持った新しい「風土」を絶えず創り出す営みを意味している。

4.　地域特性と観光の競争力

❖「住み良いまち」＝由布院らしい独自のライフスタイルを持つまち

　これまで見てきたように、由布院の「まちづくり」とは「地域環境」と「地域社会」を「地域経済」と結びつけ、持続可能な地域をつくる営みである。そこで持続されるのは、単に人口や雇用ではなく、ましてや観光客数でもない。3要素が結びつくことで育まれる「地域としての独自性」＝「由布院らしさ」である。由布院の環境から生み出された素材を使って自立した産業が営まれ、そこに地域の人々の心地良い関係が育まれることで由布院独自の

「暮らし方」がつくられる。由布院のまちづくりが3要素を「結びつける」ことを目指してきたのは、それによって他のどこにもない固有のライフスタイルが育まれるからである。「由布院らしさ＝地域特性をつくる」とは、こうした独自のライフスタイル*33をつくることを意味している。

　「住んでよし、訪れてよしのまちづくり」というフレーズは、由布院温泉が発祥とも言われ、「観光まちづくり」の基本を表現する言葉としてよく使われる。住民の暮らしを第一に考えて、住民自身が心地良く暮らせるまちづくりをすることが観光振興への第一歩であるとされる。しかし、生活インフラの整備や社会的サービスの充実、都市へのアクセスや利便性という一般的な意味での住み良いまちは、必ずしも魅力的な観光地と一致しない。由布院もそういう意味ではけっして「住んでよし」のまちではない。

　「住んでよし」のまちであるためには、もちろん生活の糧を生み出す産業がなければならない。そのために多くの地域が外部から産業を誘致し、外部の成功を模倣することによって経済的な豊かさと便利な生活を手に入れてきた。工場や大型商業施設の誘致、東京や大都市で成功したビジネスの模倣、便利な生活と都市型ライフスタイルへの希求、こうした経済成長と経済効率性を優先することが「住み良いまち」になることだと考えられてきた。ところが、そうした「近代化」の反面として、地域環境や地域社会がしばしば破壊され、地域独自の生活文化とともにその土地で生活する独自の楽しみは失われていく。むしろ、東京と同じような住み良さを求めるほどに、都会になろうとしてもなりきれない田舎は劣った地域であると考えられ、楽しみのないつまらないまちだと住民自身が考えるようになる。

　由布院に限らず、「〇〇らしさ」を定義することは難しい問題であり、多様な定義づけを行うことが可能である。由布院の場合には、まちづくりの初期段階から3要素の結びつきによる独自性を持った「美しい町」を目指した。3要素が結びついたところに望ましい地域の生活が成り立つと考えられたからである。由布院の独自性の基盤はその環境にあり、その環境とそこで生み出された産物を基盤として自立した産業が営まれることで、人々の和やかな関係がつくられる。そこに、「由布院らしい」独自の生活が維持される。由布院が目指した「住み良い、美しい町」とは、個性のある独自のライフスタイ

ルによって生活の楽しみが維持されているまちを意味している。掲げられたこの「理想」は非常に高い次元にあり、長期にわたる地道な活動によってしか実現されないものである。

　すでに述べた辻馬車や牛一頭牧場運動と同様に、第3章で例示するように「小さな宿」「農業と料理」「アートと景観」といったまちづくりの実践でも3要素を結びつけることが常に意識され、それによって地域特性＝「由布院らしさ」をつくる営みが続けられてきた。もちろん「由布院らしい」生活のあり方は時代とともに変わるし、変わらなければならない。だからこそ、まちづくりのリーダーたちは、観光によって外部から市場や資源を導入することで地域を絶えず変化させ続けてきた。それによって先の3要素の結びつきを頑なに守ることで、「由布院らしい」生活を持続的に営んでいくためのまちづくりが進められてきたのである。

❖ブランド力の源泉としての「由布院らしさ」

　観光によって地域特性を守り、つくるという「まちづくり」の営みは、観光事業者の一方的で献身的な奉仕活動だったわけではない。それは、地域の固有の魅力こそが観光の競争力を高めるという観光振興の戦略と表裏一体の関係にある。観光によって「由布院らしさ」をつくることができれば、その地域独自の魅力が観光の力になるとまちづくりのリーダーたちは考えていた。そして、どこにもない独自の「由布院らしさ」を、観光の競争力に変換するカギとなるのが「ブランド化」である。独自のライフスタイルによって裏づけられた「ブランド」が観光地としての由布院の強さの源泉となっている。

　現代の企業にとって「ブランド」が競争優位を獲得するために不可欠であるように、地域の振興のためにもブランド化が必要だと考えられている。そのため、近年ますます「地域ブランド」への取り組みが各地で活発化している。ただし、先にも触れたように、一般的に「地域ブランド」は地域の魅力や特産品の品質の高さを広く周知し、その知名度を上げることだと考えられている。観光振興においてもブランド化の必要性が言われ、その土地独自の食事や食材、歴史や生活文化、自然環境や景観などの魅力が外部に向けて盛んに発信されている。

しかし、「観光地」という地域レベルでの競争力に結びつくようなブランド化*34 は、単に個々の観光資源やその魅力のブランド化ではなく、その地域を「訪れたい」と思わせるような地域全体のブランディングを必要とする。これは名物や名勝の PR よりも、かなり広く、深いものである。品質や雰囲気だけで勝負している限り、他の観光地との競争に巻き込まれる。
　「ブランド」の本質的な機能は、全体的な差別化によって他者との競争を回避する点にある。こうした「ブランド」の核になるのがブランド・アイデンティティ*35 であり、そこには「包括性」と「他からの差異性」*36 が必要とされる。観光地のブランド化の場合、こうした包括的で、他所との差別化をもたらすようなブランド・アイデンティティの裏づけとなるのが「地域社会のアイデンティティ」であり、それは固有の地域資源と結びついたライフスタイルの独自性である。
　地域の独自性は、そこに暮らす人々の営みや思いと結びついてこそ独自の「生きた魅力」になる。博物館的に保全されたまち並みや、地元の人たちが食べない特産品、規制と行政の力だけで守られている自然など、地域住民の生活という基盤を失ったものは「地域」の魅力にはならない。由布院の観光事業者たちが「地域環境」「地域社会」「地域経済」の 3 要素の強い結びつきを維持しようとしてきたのは、それによって生きた生活文化が育まれ、その独自性が他のどこにもない由布院という地域の魅力になると考えたからである。
　こうした地域特性は、さまざまな形で観光の競争力を強化する。まず、「由布院らしさ」が、観光客が「訪れたい」と思う誘因を創り出す。観光地としての由布院は不思議な場所で、観光客が目当てにするような集客装置や、由布院と言えば〇〇といった名物がほとんどない。また、温泉や景観、料理や土産物といった個々の要素だけを取り上げれば、由布院が他の観光地よりも秀でているとは必ずしも言えない。実際、由布院を訪れる多くの観光客に何を求めて来たのかを聞いてもあまり明確な回答を得られないし、その印象について具体的な魅力を語れないことが多い。
　由布院の魅力は、自然や農村のあり方と調和したまちのあり方であったり、地域の中で育まれたものを楽しめたりする生活環境の心地よさにある。それが由布院独自の「ブランド」となって多くの来訪者を呼び込んでいる。これ

らは、観光事業者がまちづくりの活動を通じて長い時間をかけてつくってきたものである。一部の旅館が醸し出す洗練されたイメージに誘われて多くの観光客が訪れているという意見もあるが、点在するいくつかの旅館だけでは地域全体の魅力をつくることはできない。

　そして、ブランド化によって地域の価値を高めることで、いわゆるプレミアム価格での販売が可能になる。その地域にしかない価値は、他の商品と競争することなく、独占的な価格形成を可能にする。由布院は旅館をはじめとして、土産物や料理などの価格が総じて高いことで知られるが、逆に言えばそうした価格帯でも顧客を獲得できるほどにブランド化されている。これは個々の旅館の洗練された設えやサービスだけで実現されているわけではない。第3章で考察する通り、旅館の経営自体が地域の魅力と一体化されていることで、旅館の魅力が生み出されている。

　さらに、ブランド化によって顧客ロイヤルティを高めることで、リピーターを増大させ、ロングセラー商品としての観光地を創り出すこともできる。由布院の旅館経営においてリピーターは必要不可欠であり、そのための戦略を展開していることは後に述べる。そして、一度こうしたブランド化に成功すると、それを拡張することによってより多様なブランド商品群を創り出すことも可能になる[*37]。

　このように「ブランド」の基盤となる地域独自のライフスタイルの保全によって地域全体を差別化することで、観光地としての高い市場競争力を獲得することができる。もちろん、高いブランド力を得るためには、単に他所とは違ったライフスタイルを保全するだけではなく、それを顧客にとっての魅力へと変換するためのさまざまなブランド化戦略が必要とされる。由布院の観光事業者たちは、そのために外部から多様な要素を取り込んで、顧客への訴求力を高める努力も続けてきた。外部発信力の高いイベントや、質の高い旅館のあり方などは、由布院ブランドの重要な要素である。ただし、それらはすべて「由布院らしさ」の上に構想されたものであり、包括的な差別化はその核に地域の独自性がなければ実現できない。観光は地域特性と結びついた産業であるからこそ、地域特性を強化するような観光のあり方が必要とされるという発想が由布院の競争力を創り出している。「由布院らしさ」＝地域

図1・7 「由布院らしさ」＝地域特性と観光の相互関係

特性をつくる、というまちづくりのフェーズと観光との関係を図にまとめると図1・7のようになる。

　ただし、由布院らしいライフスタイルをつくり、地域全体を包括的に差別化するという観光の戦略は、まちづくりのリーダーたちだけで実現できるものではなかった。それを行うためには、「まち」という広がりの中で、地域の独自性をつくる作業を実践していくための具体的な仕組みが必要となる。それがどのようにつくられていったのかを、第2章で考察する。

注
* 1　中谷健太郎〔2006b〕p.191
* 2　この間の経過は、1970年から9冊発行された「明日の由布院を考える会」(No.1〜2は「由布院の自然を守る会」) の会報『町造りの雑誌　花水樹』に詳細に記録されている。これらは後に中谷健太郎編集〔1995〕『花水樹　完全復刻版』としてまとめられている。以下、『花水樹』からの引用注においては、その号数とページを記す。
* 3　中谷健太郎〔2006b〕p.172
* 4　中谷健太郎〔2006b〕p.157
* 5　『花水樹』創刊号、p.16
* 6　中谷健太郎〔2006b〕p.171
* 7　『花水樹』No.5、p.21
* 8　同上
* 9　同上
* 10　『花水樹』No.5、p.22
* 11　『花水樹』No.5、p.8
* 12　『花水樹』No.3、p.51
* 13　同上
* 14　西村幸夫〔2009〕p.11の図を参考に筆者が作成。
* 15　「持続可能な観光」という概念の形成過程については、宮本佳範〔2009〕に詳しい。
* 16　このシンポジウムについては日本地域開発センター〔1977〕にまとめられている。
* 17　『花水樹』No.8、p.20
* 18　『花水樹』No.8、p.22

* 19　人間部会では、「既存のいろいろの団体にスムースに這入っていって、人間関係を深めてゆくべき」という考えと、「既存の団体はもちろん、あらゆる人間関係を一度壊して『個の確立』から新しい人間関係を創ってゆくべき」という意見の相違があり、結論を得ないままになったと報告されている（『花水樹』No.8、p.24）。ひとのつながり方についての模索の結果として「動的ネットワーク」に行きつくことは第2章で考察する。
* 20　「内発的（endogenous）」発展と、その対概念である「外発的（exogenous）」の意味については、鶴見和子〔1989〕p.47 にタルコット・パーソンズによる類型化が紹介されている。
* 21　西村〔2009〕p.13
* 22　同上
* 23　『花水樹』No.6、p.7 および No.8、p.22
* 24　由布院の景観を守るためのさまざまな取り組みについては、第3章の【観光まちづくりの実践例3】で詳しく述べる。
* 25　『花水樹』No.6、p.5
* 26　中谷健太郎〔2006a〕p.34
* 27　『花水樹』No.8、p.22
* 28　同上
* 29　日本地域開発センター〔1977〕p.19
* 30　『花水樹』No.6、p.9
* 31　中谷健太郎〔2001〕p.38
* 32　中谷健太郎〔2006a〕p.21。由布院温泉を含む湯布院町は行政区分としては町（現在は由布市の一部）であるが、まちづくりのリーダーたちは「由布院」という地域単位をしばしば「村（または、ムラ）」と呼んでいる。
* 33　猪爪範子〔1989〕は、由布院などに見られるまちづくり型の観光振興のあり方を、「失いかけている伝統文化の洗練された部分や特色ある部分を自分たちの暮らしの中に取り入れた、新しいライフスタイルをつくる」ことであり、「魅力的なライフスタイルを営める地方都市づくり」（pp.54-55）であると述べている。
* 34　観光まちづくりの効果を「地域ブランド」という視点から考察したものとして、敷田麻実、内田純一、森重昌之編著〔2009〕がある。
* 35　石井淳蔵〔1999〕は、「ブランド・アイデンティティ」を「ブランドの普遍的統一性というよりもう少し強く、ブランドの価値の源泉、ブランドの（他にかわりうるものがない）『絶対的な本来の価値（意味）』」（p.112）と定義している。この概念をモデル化したデービッド・アーカーは、「戦略的で高い理想を追うこの概念の性質をよく捉えている」（アーカー, デービッド〔2014〕p.39）という理由から、「ブランド・アイデンティティ」ではなく「ブランド・ビジョン」という用語を用いている。
* 36　石井淳蔵〔1999〕p.91
* 37　田中章雄〔2012〕は（地域）ブランドの効果として、①価格競争からの脱皮、②イメージの連想、③顧客による情報伝達、④商品寿命の長期化、⑤ブランドの拡張、⑥収益性の向上、があるとしている（p.16）。

第2章

「動的ネットワーク」
＝ひとのつながりをつくる

第1章で述べたようなまちづくりの基本姿勢と戦略は、時に由布院の「理念」とも「思想」とも呼ばれる。これらは、リーダーとなった旅館経営者たちの考えに源流がある。彼らは、ある意味で「カリスマ」であり、中心に据えられた理念を堅持しながら、それを実現するための多くのアイディアや企画を生み出してまちづくりを牽引してきた。

　しかし、いかに先見性に富んだ理念と戦略であったとしても、それが個人の発想にとどまる限り、「まち」というレベルには広がらない。しかも、観光を使って農業を含む地域の産業を活性化し、それによって地域全体の環境を守るといった壮大な構想を実現するためには、観光事業者だけではなく、他の産業や地域住民へと理念を広げ、その実現に向けた協働作業を生み出していく具体的な仕組みが必要とされる。つまり、「誰が、どのようにして」、まちづくりを行っていくのかというプロセスが何よりも重要な課題となる。

　初期段階で農家と観光事業者の間に対立があったように、地域内の各産業はそれぞれの事情と利害をかかえていて、相互に理解しあうことも簡単ではなかった。さらには、観光の力を地域のために使うとはいっても、旅館経営者をはじめとする観光事業者たちの間でさえもリーダーたちの観光戦略を共有することは難しかった。由布院の地域特性こそが観光の力になるという戦略は、労力がかかる息の長い取り組みを必要としていたし、当時の観光振興のあり方とも大きく異なっていたからである。それだけに、旅館の経営者たちも一枚岩ではなく、深刻な「内戦」[*1]が繰り返されていた。

　こうした中でまちづくりを実現していくためには、個々の旅館や観光事業者だけではなく、農業などの他の産業を含めた「まち」へと広がる「ひとのつながり」をつくることが必須の課題だった。由布院のまちづくりの実践は、粘り強くこうした「つながり」をつくる過程でもあった。実効性のある取り組みの多くは、それぞれの分野や組織から代表者、あるいは充て職の担当者に出てきてもらうといった形式的な「地域連携」によってではなく、「やりたい」と思った人が主体的に参加し、役割や役職による階層がなく、参加者が対等でフラットな状態でつながる中で実践された。まちづくりを牽引した旅館主たちがもっとも注力したのは、従来の地域社会にはないこうした新しい「つながり」をつくり出すために、みなが関心を持ち、主体的に参加した

くなるような場を常につくり続けることだった。

　本書では、参加者の主体的なコミットメントによる分野・組織横断的でフラットなつながりを「動的ネットワーク」と呼ぶ。

　「動的」と名づける理由は2つある。

　まず1つには、こうしたつながりが何らかの「実践」によってつくられているからである。由布院のまちづくりの過程は、顔を合わせた話し合いによって相互理解を深めることが出発点となっているところに大きな特徴がある。ただし、それだけではなく、あるべきまちの姿を実現するための行動を起こして、実践を通じてつながりをつくるという方法が採られている。こうした新しい実践を生み出す上で、「やりたい人がやりたいことを一緒にやる」というつながり方は非常に効果的だった。こうしたつながりでは、意思決定が分散され、個人の発案を起点とする新しい動きが生まれやすい。実践を通じた共同体験や経験の共有といった体感レベルでのつながりは、まちづくりにおいて重要な意味を持っている。

　そしてもう1つには、まちづくりの中でつくられた動的ネットワークは、そのつながりの中でさまざまな知識が交流することによって新しい動きを連続的に生み出す母体となっているからである。組織や分野を超えた実践を通じた共通体験によってまちづくりの理念が共有されるとともに、そうした理念を基盤としたイノベーションが繰り返し起こるような創造的な場となっている。重層的に存在する「動的ネットワーク」を通じて異質な知識が活発に交流することによって育まれる創造的な環境から多発的なイノベーションが生み出されている。その頻度の高さとスピードが由布院温泉の競争力を支えるもう1つの要因となっている。

　第2章では、まちづくりの活動の中で形づくられていく「ひとのつながり」＝「動的ネットワーク」の特徴とその機能を詳しく考察していく。

1.　まちづくりの実践における「動的ネットワーク」の形成

❖ 「明日の由布院を考える会」に見られた「ひとのつながり」

　由布院のまちづくりは民間主導で行われた点に大きな特徴があることはこ

れまでも指摘されてきた。多くの地域のまちづくりやむらおこしが、程度の濃淡はあっても行政主導で行われているのとは、この点で大きな対比をなしている。また、商工会や観光協会などの地域組織も主導的な役割は演じていない。むしろ、「組織や規定に頼って人を動かしても、人は元気にならない」[*2]という考え方から、「組織からはできるだけ自由であろうと努めた」[*3]まちづくりが進められている。

　行政や業界団体、あるいは自治会など既存の地域組織をベースとせずにまちづくりを進めていくために、由布院のまちづくりでは独特なつながり方が採られていくことになる。先に述べたように、まちづくりのはじまりとなった「明日の由布院を考える会」は、農業、商業、観光などの産業を横断する形で17名のコアメンバーから構成されていた。この会は、「あまり規約などに縛られることなく…なんとなく寄り合って、素朴な話し合いの場を持ちその中から…色々な『テーマ』を惹起し、…そして一つの企画や計画を具体的に産みだしてゆく」ような「実践の母体」[*4]となることを目指していた。そのため17名は「実践会員」と呼ばれている。それぞれの分野から人を集めたと言っても、実践会員は何らかの組織を代表して参加しているわけではなく、個人の立場で参加していた。町内の各組織の長が「評議員」という立場で加わっているが、実際的な活動はしていない。

　「考える会」は、規約や明確な役割分担といったフォーマルな構造を持っておらず、階層的な指揮命令系統もなく、参加者はすべて対等な立場で参加していた。各人がフラットな状態でつながったネットワーク型の組織構造である。会長や事務局長といった役職はあったが、まとめ役、裏方としての立ち位置であって、彼らが何かを決めたり、指示したりする立場にはなかった。そもそも、考える会では組織としての統一的な意思決定を行うこともなかった。

　また、3部会制がとられているが、その区分けも不明確で、メンバーも固定的ではなく、重複も多く見られた。会の境界線もあいまいで、必要に応じてそれぞれのメンバーが外部の識者を呼んだり、途中から部会をオープンにして一般参加を認めたりしている。むしろ、考える会を17名の実践会員に閉じることなく、オープンにして広く知識や情報を共有・交流することにつとめている。

考える会の活動は1973年に「あすの地域社会を築く住民活動賞」を受賞しているが、その際に審査委員長は「特定のカリスマ的人物を中心にした地域のリーダー小集団は各地でみかけるが、これは不安定である。由布院のグループはその点、創造的、自律的オピニオンリーダー小集団として、高く評価できる。なぜこんな集団が成り立つのか、きわめて興味深い」とコメントしている。また、これが「地域社会の民主的再編成」[*5]といった課題に通じるのではないかとも述べている。

❖動的ネットワークの形成条件
　考える会の活動に見られた「つながり」方は、その後の由布院のまちづくりの諸活動においても継承され、共通してみられる。本書が「動的ネットワーク」と呼ぶのはこうしたつながりである。これは、ある意味で地域社会を再編成するつながりでもあった。もとより、「まち」という広がりの中で活動を起こしていくためには、産業分野や個別組織の壁を越えたつながりが必要とされる。しかし、各組織は内部に正式な意思決定の仕組みを持っているので、それらを横断するつながりの中で、集約的意思決定を行ったり、それによって各人の行動を統制したりすることが非常に難しい。それゆえ、組織を横につないでいくゆるいネットワーク型のつながりが、効果的にまちづくりを進める上で必要とされる。
　こうしたつながりを創り出すにはいくつかの条件が必要になる。
　まず、参加者の主体的な参加意欲、つまり主体的なコミットメントがつながりを維持するための基本的な条件になる。また、つながりから生まれる実践活動への関与も、あくまでも個人の意思と熱意にしたがっている。そのため、参加・不参加の判断はもとより、どの程度深く会の話し合いや活動にかかわるかも参加者個人の意思に任されていて、会としての決定によって参加者に何らかの行動義務を課すことはない。「やりたいからやっている」のだから、「いやならやらない」という姿勢が基本である。
　そして、参加者の主体的なコミットメントを引き出すために、メンバー間で共有できる目標や課題が設定されている。「考える会」の場合には、文字通り「明日の由布院」を考えて、つくっていくという大きな共通の目標が掲げ

られていた。自分たちのまちの未来を自分たちでつくるという共通課題が設定され、それに対して「こんなまちにしたい」という思いを持ったメンバーが糾合されていた。これは、中心となった観光事業者たちが「まちづくりのための観光」という立場を堅持することで可能になっている。「観光のため」という目標では他の産業と共有することができない。それぞれの利害を超えた大きな共通目標が設定されているからこそ、分野を超えた連携が可能だった。

ただし、「美しい町」についてのそれぞれの思いは違っているし、それを実現するやり方についてはなおのこと考え方が異なっている。それをすり合わせて、埋め合わせていく相互理解のために、時間をかけた話し合いの場が必要になる。「考える会」では何度も繰り返し話し合いが行われたが、これ以降のまちづくりの実践過程でもお互いの「『説得』と『納得』が出会って交合して、火花を散ら」[*6]すような、顔を合わせた直接の出会いの場が多数つくられている。主体的コミットメントは参加者の納得から生まれるので、そのための時間をかけた対話の積み重ねがまちづくりの出発点になっている。このことが由布院のまちづくりの大きな特徴である。

さらに、そうした話し合いで終わることなく、具体的な実践に踏み込んでいく「協働の場」がプロジェクト的につくられている。そうした実践もまたメンバーの主体的な参加意欲に任されているので、「言い出しっぺ」がみなの興味関心を惹き、自発的なやる気を引き出せるような活動を提起して仕掛けていくことで、一緒に行動する参加者を集めていく方式が採られている。

この点で「企画屋」[*7]としてのリーダーたちの発想が大きな力を発揮していた。第1章で述べたように、彼らは観光を手段として使った新しいまちづくりの企画を生み出し、そこに地域内の多様な人たちを巻き込んだ協働の場をつくることで、分野横断的な「つながり」を生み出していった。考える会では、農家と観光が連携した由布院の特産品づくり、畜産農家と旅館が手を組んだ牛一頭牧場運動、農業・商業・観光業を地域内に適切に配置するための産業適正分布図の作成、環境設計としての道路や看板デザインの研究などの活動が行われた。いずれも異なった分野の人たちが共通に関心を持てるようにテーマが選ばれている。もちろんこれらすべての活動が参加者のやる気を引き出せたわけではないし、継続していった活動のほうが少ない。ただし、

活動自体が不発に終わっても、実践を通じた協働作業を一緒に経験することで、参加者相互の間に強いつながりが生み出されている。まちづくりの牽引役自身が「楽しかったから続けられた」と述べているように、常にみながやってよかったと言える活動を考えて、トライ＆エラーを繰り返しながら実践が続けられた。

このように、(1)共通の目標や関心事の設定と、それへの主体的な参加→(2)参加者による時間をかけた話し合い→(3)協働プロジェクトの提起と実践、という一連の流れが「動的ネットワーク」を形づくるプロセスとなっている。こうしたつながり方を、まちづくりのリーダーの１人は「この指とまれ」*8 方式と呼んでいる。参加者それぞれの自律的で主体的な意思によって、やりたい人が仲間を募って実践していく、というやり方である。まちづくりの過程で行われてきた数々の名物イベントも、「町のお偉い方が実行委員長ではありません。それを得手とする人とか若者が実行委員長となり、実行委員会をつくっていく。…それに関心を持った人たちが関わっていく」というやり方で実施されている。「自発的に好きなことを」やり、「自分たちがどんどん事を推進して」いくことで、「行事がダイナミックに動いていける」*9 のである。

❖動的ネットワークの特徴

こうしたつながり方とものごとの進め方は、一般的に見られる既存の地域組織の場合とは大きく異なっている。行政組織や各種の産業団体に典型的に見られるように、その多くは外部に対して閉じたヒエラルヒー型（ピラミッド型）のツリー構造をしていて、組織内で中央集約的な意思決定が行われる。そして、集約的な決定事項は組織成員を拘束し、構成員はこうした組織全体での意思決定に従わなければならない。

しかも意思決定者と実行者がしばしば異なっていて、「縦」のラインでの指示・命令と統制によって物事が進められていく。地域組織によくみられる「ボス」が君臨してすべての決定を差配するトップダウン型になりがちな構造である。または、ボスがいない場合でも「みんなで決めたことだから、それに従ってみんなでやることをやりましょう」という「民主的な中央集権」による活動の仕方になる。意思決定が独断的に行われるか、民主的に行われるか

にかかわらず、こうしたヒエラルヒー型組織の場合には統一的な意思決定と参加者への行動の統制がともなうことになる。

　こうした伝統的なヒエラルヒー型の地域組織を結んで「まち」というレベルでの活動をすることは容易ではない。分野や組織を横断するので、既存の意思決定の仕組みも、その中での統制も無効になってしまうからである。近年、農商工連携や、観光まちづくりにおける地域連携の必要性が盛んに言われているが、こうした組織を横断した「連携」の難しさは、既存の組織における意思決定の構造を超えたつながりの中で、「誰が、どのように」物事を決めて、実際に進めていくのかが不明になってしまうところにある。そのため、形式的情報交換や意見交換に終始してしまい、実効的な活動が生まれにくい。

　これに対して、動的ネットワークは個人の主体的な参加意欲によって、組織や分野を超える「横」のつながりを生み出していく。やりたい人がやりたいことをやるというつながり方なので、意思決定者(頭)と実行者(手足)が一致している。また、意思決定が集約化されないので、それぞれが自分の意志でやるべきことを決めることができる。そして、自分で決めたことなので、参加者が責任を持って事業遂行にあたる。いわば、事業が「自分事」化されている。こうした「つながり」では、参加者それぞれがパートナーとして事業を組み立てていくので、組織構造は非ツリー構造のネットワーク型になり、その中で参加者それぞれが対等の立場に立った相互連携と協働が行われていく。

　そのため、由布院のまちづくりにおけるリーダーシップのあり方は、伝統的な地域社会の構造におけるそれとは異なっている。由布院のリーダーたちは、組織的な命令によらずに、共通の目標や関心事を設定して、主体的意欲によって参加者を集め、彼らによる時間をかけた話し合いから協働プロジェクトを提起して実践へと導く「巻き込み型」のリーダーシップを用いている。共有と協働の「場」づくりを繰り返し行い、説得と納得によるコミュニケーションから参加者の主体性を引き出し、興味を持ってもらえる実践をしかけながら、粘り強く人を巻き込んでつなげていくことで横のネットワークを創り出してきた。「カリスマ」と呼ばれる由布院のリーダーたちのカリスマたる所以は、まちづくりの理念を掲げるだけではなく、分野や組織を超えて多くの人を巻き込んでいく場を継続的につくり、「美しい町」を実現するための実

表2・1 「動的ネットワーク」と伝統的な地域組織との比較

	伝統的な地域組織	由布院における動的ネットワーク
組織形態	・ヒエラルヒー型（階層的ピラミッド型）のツリー構造	・（分野／組織を横断する）ネットワーク型の非ツリー構造
統合様式	・命令と統御 ・Command & Control	・連携と協働 ・Connect & Collaborate ＊10
人がつながる方法	・組織としての階層的な権力構造 ・ルールとロール（規約・規則と役割分担）	・共通の価値観、目的や目標に対する主体的なコミットメント
意思決定と行動様式	・中央集権的トップダウン型 ・頭（決定）と手足（実行）の分断 ・統一性 ・集約的な意思決定と、それによる参加者の行動の統御	・自律分散型 ・頭と手足の一致 ・多様性 ・個々の参加者の自律性の尊重
行動の起点	・集約的意思決定と号令一下	・コミュニケーションによる説得と納得
新しい行動の起こり方	・単発的、散発的	・多発的、連続的
組織の境界	・明確で、内に閉じている	・曖昧で、境界がオープンになっている
リーダーシップのあり方	・決定し、命令する（人を引っ張る）リーダーシップ	・場をつくり、人を巻き込んでつなぐリーダーシップ

践へとつなげることでさまざまな活動を生み出してきた点にある。

　由布院のまちづくりに見られる「動的ネットワーク」の特徴を、伝統的な地域組織と対比してまとめると表2・1のようになる。

❖動的ネットワークと観光の役割

　由布院のまちづくりが「動的ネットワーク」のような組織形態によって実践されてきたのは、リーダーたちが「観光事業者」だったことと関係している。観光はもともと地域外の「よそ者」との接触を生み出す営みであり、まちづくりの場で観光を「手段」として使うということは、外部との接触を常に意識した活動を行っていくことを意味していた。観光が、外部とかかわり合う場である特殊市場を創り、技術や情報、人材などの外部資源の導入窓口となっていることは第1章で述べた。こうした外部との接触は、地域の「内部」で物事を動かしていく権力構造や意思決定の構造、またはそのためのヒ

エラルヒー型の組織形態を解体し、変革する作用を持つ。町長であるとか組織の会長であるとかは、町外・組織外の人たちにはあまり大きな意味を持たないからである。少なくとも組織内の意思決定によって、地域外・組織外の人たちを従わせることはできない。

　それゆえ、観光がもたらす外部との接触は、既存の地域組織とは異なった「新しい地域社会の構造」を創り出す上で大きな効果を持っていることが指摘されている[*11]。観光事業者が常に接触しているのは、顧客やサポーターなど、外部にいる人たちだった。そうした人たちも含めて「まちづくり」のためのつながりをつくるには、彼らの主体的な意思によるコミットを引き出し、対等なパートナーとして連携していく必要がある。由布院のまちづくりの過程で複層的につくられている「動的ネットワーク」は、「よそ者」としての視点を持つ「観光」の特性を各種の企画や実践に取り入れることによってつくられている。

　もちろん、観光事業者が総じてこうした横の組織形態を好むわけではなく、伝統的な組織構造による意思決定と実行を選好する場合も多い。または、観光事業者以外の人たちがこうしたつながりをつくることもよくある。しかし、外部を常に意識し、外部からの観光客や資源を積極的に導入することでまちづくりを行うという由布院のまちづくりの基本的な戦略には、従来の地域組織とは異なった「つながり」が必要だった。観光を「手段」として、「まちづくりのため」の新しい地域社会の構造がつくられることによってさまざまな新しい行動が生み出され、それによって「まちづくり」が活発に行われていった。

2.　「動的ネットワーク」とイノベーション

❖動的ネットワークに見られる起動力のはやさ
　こうした「横」の組織形態の大きな特性は、「新しい動き」＝イノベーションが起こりやすいという機動性にある。組織的な決定を経るのではなく、個人が起点となって、それに賛同する人、関心がある人、手伝ってくれる人たちが分野や組織を超えてフラットな形でつながっていくので、起動が早い。

階層的な組織構造では、新しいことをやるためには組織的な合意を待たなければならないので、動きが遅く、鈍くならざるをえない。新しい企画があったとしても、階層を上がるごとに意思決定が積み重なっていくので、現場で提起されたアイディアが組織内を上がっていく中間段階、あるいは最終決定の段階で否定されてしまうこともある。ヒエラルヒー型の構造は、決めたことを持続的にやり続けるためには非常に効果的な組織構造なのだが、その反面として新しいことが起きにくく、行動がルーティン化しやすい。とりわけ、分野や組織を横断した協働作業をしようとする場合、いくつもの組織的な決定が組み合わされるので、新しい動きを創り出していくことが何倍も難しくなる。

　観光地に限らず、地域の競争力が維持されるためにはイノベーションの持続的な発生が必要とされる。その重要性は近年増大している。21世紀に入って社会環境が急速に変化している中で、競争力を維持し続けるためには、市場適応を行うための新しい行動や変革が必要とされるからである。「変化を予見し、なにか新しいもの―新しい技術、新しい製品デザイン、新しい製造プロセス、新しいマーケティング・テクニック、新しい流通チャンネル、新しい顧客サービスなど」*12 によって、現在のあり方を絶えず更新し続けることが必要とされる。企業だけに限らず、観光振興の方法も、あるいは広く地域経済のあり方も絶えず変化していかなければならないのだが、堅固な構造を持った地域組織の中で、前例踏襲のルーティン化した意思決定が繰り返されるために、地域の活力が奪われてしまう場合が多い。

　「動的ネットワーク」は、硬直しがちな既存の地域構造に風穴をあけ、それらをつなぐ新しいつながりをつくることで、地域内に新しい動きを生み出す作用を持っている。また、「やりたい人がやりたいことをやる」という分散的な意思決定が行われるので、新しいことを多発的に実行することができる。個人のアイディアと、それに賛同して協働してくれる何人かのメンバーがいれば新しいことが開始されるので、アイディアの数、それを出す人の数だけ新しいことが起こる。1975年のイベントのつるべ撃ちに見られるように、新規のイベントや企画を連続的に行っていくことができたのは、動的ネットワークのこうした特性が発揮されているからである。一方、組織内での集約的

な意思決定が行われる場合には、たとえ新しい事業が行われるにしても、単発、散発的にしか生じない。

　もちろん、既存の地域組織が牽引する形で新しい取り組みが行われる場合もある。実際、1980年代から「アイディア首長」ややり手の行政職員が主導した地域活性化の成功事例が数多く見られた。行政主導の地域活性化への取り組みは、号令一下で開始できるので効果的で効率的に見える。しかし、これは逆に「不安定」であり、リーダーに斬新なアイディアと破壊的な行動力があるうちしか続かない。こうしたリーダーシップが2代続くことはあまりないので、新規の取り組みもすぐにルーティン化して、当初の勢いと成果を持続することができなくなる。実際、1980年代後半から1990年代に数多く現れた行政主導の成功例の中で、現在でもその成果を持続しているところは少ない。これは、主導者の変節やパワーダウンによるものでもないし、後継者の不在や力不足によるものでもない。変化が起きにくいというヒエラルヒー型組織が持っている構造上の問題である。

　由布院のまちづくりでは、外部からの開発圧力から緑と静けさを守った点が強調されるが、その反面で非常に速いスピードで変化し続けていることに大きな特性がある。こうした特性は、まちづくりにおいて複層的につくられている動的ネットワークによって可能になっている。繰り返される活発なイノベーションが、観光地としての由布院の市場競争力を生み出すもう1つの源泉になっている。

❖ **「由布院らしさ」を基盤にしたイノベーション**

　ただし、イノベーションが多発するとしても、それが由布院らしさとはかけ離れている、あるいは逆にそれを損ないかねないようなものであれば、競争力の源泉が強化されない。動的ネットワークにおける「やりたい人がやりたいことをやる」という行動の仕方は、逆にまちづくりの方向を拡散させてしまう可能性がある。各自の主体性にまかされた活動が活発化することは、バラバラで勝手な行動が多発することと表裏一体である。実際、由布院が観光地として著名になればなるほど、多くの中小の外部事業者が流入し、さらには地域内の人々も加わって、それぞれの思いを実現するためにさまざまな

活動を繰り広げていった。湯の坪街道が「原宿化」したと評されるように、これでは方向性や戦略を共有したまちづくりは進まない。

　主導者たちの理念と戦略から外れた勝手な動きを防ぐために、行動規則や規定、組織的な指示や拘束を用いる方法もあるが、そういうやり方は彼らの好むところではなかったし、そうするだけの強い権力も彼らは持とうとしなかった。こうした規則や指示は人の自由な発想を妨げ、やる気を失わせるからである。まちづくりの実践過程が主体的な意欲に依存しているので、参加者のやる気がなくなることは終わりを意味する。それだけに、やる気を失わせるような規則と指示による硬直的な組織運営は避けなければならなかった。

　動的ネットワークの本当の意義は、単に新しいことが起きやすいという機動性にあるのではない。分野や組織を超えた多様な知識の交流の中に、まちづくりの「理念」が共有される仕組みが内蔵されていることで、「由布院らしさ」を基盤としたイノベーションが連続的に発生する母体になっている点にある。第3章で述べるように、現在われわれが持つ由布院温泉のイメージは40年ほど前からつくられてきたものであり、現在でもなお「由布院らしさ」に基づく変化が持続的に生じている。イノベーションが「由布院らしさ」を基盤として発生する理由を説明するためには、「ひとのつながり」の意味内容をもう少し具体的に考察する必要がある。

❖ **組織的知識創造プロセスの特徴**

　イノベーションの方向が拡散することなく、「由布院らしさ」を基盤として繰り返される仕組みを解明するために大きな示唆を与えてくれるのが「組織的知識創造理論」である。

　この理論は、もともと企業経営において「知識」をマネジメントしていく仕組みを説明する理論であり、企業がイノベーションの源泉となる新しい「知識」を組織的に生み出していく要件を説明している。この理論では、企業内に存在する知識アセット（資産）と、それらを動態的に活用する知識循環によって、既存の知識から新しい知識が生み出される仕組みがモデル化されている[*13]。

　「知識」が企業にとっての重要な資源として認識されるようになったのは、

知識社会への移行にともなって競争条件の変化が生じているからである。つまり、生産要素の取引コストや規模の経済による静的な競争ではなく、「戦略的な違いとイノベーションを追求することで決まる」*14 動的な競争が現実の競争になっている。これまでのように人件費が安いとか、ある特定の財やサービスが安価に調達できるといった条件ではなく、生産性を絶えず向上させ、競争力の源泉を強化し続けるようなイノベーション、すなわち持続的または革新的な改革と改良を行い続けることが企業の競争力にとって重要になっている。

このことは観光産業にもあてはまる。観光客が求めるものが多様化・高度化している中で、顧客が求める価値を絶えず提供していくためには、絶えざる改善と更新が必要とされる。こうしたイノベーションを生み出すには、限られた観光事業者の知識だけではなく、地域にある多様な魅力を活用することが必要とされている。地域の中には、地域の魅力の裏づけとなっている多様な「知識」が存在している。歴史や自然に関する知識、農業や伝統的地場産業に集積された知識、もちろん観光事業者が持っているノウハウなど、そうした多様な知識を地域内で交流させ、観光地内での絶えざるイノベーションを生み出していくことが観光地の競争力を左右する。

そのため、地域内にある多様な知識をいかに効果的にマネジメントして、新しい価値を生み出していくかが観光地の競争戦略にとって重要になっている。ただし、知識は個人から生まれるものであって、企業においてもそれを企業全体という組織レベルで活用するためには、個人と組織との間で知識を動態的に循環させる仕組みが必要とされる。それと同様に、地域内にある多様な知識を「まち」というレベルで活用して、新しい価値を生み出していくためには、個人と「まち」の間で知識を循環させるプロセスが必要不可欠である。「動的ネットワーク」は、個人とまちの間でダイナミックな知識の循環を生み出す仕組みとして機能している。

組織的知識創造の過程において、イノベーションを生み出す知識のダイナミックな働きの「エンジン」*15 になっているのが、野中郁次郎らによるSECI (セキ) プロセスである (図2・1)。このプロセスでは、個人の中にある知識が組織レベルに拡大され、それがさらに個人に再獲得されることで組織的な知

図2·1 4つの知識変換モード (出典:野中郁次郎、竹内弘高〔1996〕p.93)

識の活用が行われる様子が描き出される。

　このプロセスは、まず「知識」には形式知と暗黙知の2種類があるという前提から始まる。この2つの知識の循環的な相互変換によってイノベーションが起こるとされる。

　形式知は、形式的・体系的で論理的な知識であり、一般的な意味での「知識」と考えられるものを指している。これは、「言語や数字で表すことができ、厳密なデータ、科学方程式、明示化された手続き、普遍的原則などの形でたやすく伝達・共有することができる」[16]という特徴を持っている。言語やデータなどの何らかの形で表現される形式知はICTによってやり取りできる知識でもある。

　それに対して暗黙知は、「主観に基づく洞察、直感、勘」などで、これは個人の中にある。暗黙知は「個人の行動、経験、理想、価値観、情念」[17]に深く根ざしたものとされ、個人の経験にもとづく技能やコツだけではなく、「スキマータ、メンタル・モデル、思い、知覚」といった、ものごとや世界を認知する個人の枠組みが含まれている。つまり、ものの見方や考え方といった「簡単には言い表せない」[18]ものと結びついている。そのため、暗黙知は「非常に個人的なもので形式化しにくいので、他人に伝達して共有することは

難しい」[*19]とされる。形式知とは違って、インターネットなどではやりとりできない種類の知識である。

　組織的知識創造理論の特徴は、知識の源泉として暗黙知を重視する点にある。「組織は個人を抜きにして知識を創り出すことはできない」[*20]のであって、「新しい知識はいつも個人から始ま」[*21]る。それゆえ、「新しい知識の豊かな未開拓の源泉」[*22]になっているのが暗黙知である。

　ただし、暗黙知は言葉やデータなどによって他人に伝達することが難しい。個人と個人との濃密な共体験によって獲得されるため、場と時間を共有した人たち以外には共有されにくい。それゆえ、暗黙知を「だれにでもわかるように言葉や数字に変換しなければならない」[*23]。個人の経験に根差す暗黙知が形式知へと転化されることで、個人の知識を組織というレベルに拡大して利用することができる。そして、それがさらに個人へと還流することを繰り返しながら、ダイナミックな知識の創造が行われる。「個人によって創り出される知識を組織的に増幅し、組織の知識ネットワークに結晶化するプロセス」[*24]によって組織レベルでの知識の活用が可能になる。

　こうした知識の動態的な動きを説明するためのフレームがSECIプロセスである。このプロセスは、暗黙知と形式知の2種類の知識を相互に変換する「知識変換」[*25]の過程として、①暗黙知→暗黙知、②暗黙知→形式知、③形式知→形式知、④形式知→暗黙知という4つのモードから構成される。これらはそれぞれ、①共同化（Socialization）、②表出化（Externalization）、③連結化（Combination）、④内面化（Internalization）と呼ばれ（これらの頭文字をとってSECIプロセスという）、暗黙知と形式知の連続的なモード変換のサイクルによって、個人ベースの暗黙知から始まる知識が組織レベルに拡大されることで、知識を組織的・動態的に活用していくことができる。

　第一のモードである「共同化」は、個人の暗黙知を個人間で共有する過程である。「経歴、ものの見方、動機が異なる複数の個人」が、「体験を共有し、身体的・精神的なリズムを一致させる」場において「直接対話をつうじて相互に作用し合う」[*26]ことで、暗黙知の共有が行われる。直接顔を合わせて、場と時間、経験を共有することで、「体験によって獲得され、言葉にするのは容易ではない」[*27]暗黙知が伝えられるモードである。

第二の「表出化」は、共有された暗黙知によって創造された新しい知識を形式知へと変換して、「明確なコンセプトに表すプロセス」である。こうした変換は、「対話すなわち共同思考によってひき起こされる」[*28]。ただし、暗黙知から生まれたばかりの「コンセプト」は明確に体系化されたものではないので、メタファー（暗喩）やアナロジー（類比）などの「たとえ」、あるいは仮説やモデルによって表現される。このように、新しい知識が具体的な形をとっていくためのラフな全体像が、抽象的でありながらシンボリックに直感的に理解できる形で示される。個人から生み出される知識は、このモードにおいてグループレベルで共有される。

　第三の「連結化」は形式知として表出されたコンセプトを、さらに具体的な形式知にしていく過程である。新たな知識を分析して、組織内外にある既存の形式知とも組み合わせて、整理・分類により体系化していく作業である。データ分析や新しい製品の設計、製造管理手法の開発などによって形のある事業を構築していく作業であり、通常「知的作業」と考えられるものの多くは、このモードに属する。コンセプトを形式知化された知識の組み合わせによって具体化することで、新しい知識は組織レベルでの知識に変換される。

　第四の「内面化」は、組織内で体系化された形式知を個人レベルの暗黙知として落とし込む過程である。これは「行動による学習」[*29]によって獲得される。事業に参加して文書化されたマニュアルを習得したり、商品やサービスを使用したりするなどの「行動」による追体験を通じて組織レベルの知識は個人の暗黙知へと内面化される。

　そして、こうしたSECIプロセス、あるいは知識スパイラルを促進する要件として、「意図」「自律性」「ゆらぎと創造的なカオス」「冗長性」「最小有効多様性」[*30]の5つが挙げられる。「意図」は「目標への思い」であり、知識の創造には目標に対する個人の主体的なコミットメントが必要とされる。「自律性」は、個人レベルでの自由な発想と行動を確保することである。「ゆらぎと創造的なカオス」は、外部環境との相互作用によってもたらされ、従来の体制や習慣といった既存の知識の殻を破壊することで新たな知識をもたらす。「冗長性」は、形式知として体系化された効率性からはみ出した部分であるが、一見非効率に見える無駄や重複でこそ暗黙知の共有が促進され、刺

激される。「最小有効多様性」は、多様な環境に適応するために組織内部に確保されるべき多様性を言う。こうした要件によって、4つの知識変換のモードを「絶え間なくダイナミックに相互循環する」[*31]ことで、組織的知識創造が可能になるとされる。逆に言えば、効率的に作業を行うための厳密なマニュアルと規則にのっとって、個人の主体性や自由を認めずに、他者の仕事内容に関与することもない縦割りの中で個人が孤立して作業をしている組織ではイノベーションは起きにくい。

まとめると、個人の密接な共体験を通じて、異なった知識が混ざり合うことで新しい知識が生み出されるが、それが暗黙知に根差している以上、その時・その場を共有していない人には伝わりにくい。それは、コンセプト（アイディア、仮説、モデル）として表出されることで形式知化される。そして、コンセプトを整理・分析して体系化し、既存の知識と組み合わせながら具体的な事業や製品として連結化することによって組織全体（あるいは地域全体）のレベルで活用できる知識になる。さらに、そうした組織レベルでの知識に個人が参加して追体験することで、広く組織内の個人にも内面化される。その知識が個人の暗黙知として蓄積され、それが再び暗黙知レベルの共同化を通じて混ざり合うことで新たな知識がさらに生み出されていく。こうした知識変換モードを繰り返しながら、知識が個と組織の相互を行き来することで、連続的なイノベーションが生じる。

そして、こうした知識の動態的な活動を引き起こしていくためには、知識の源泉となる暗黙知が豊かに働くように、個人が目的を共有しながら主体的に、自由に考えて行動し、外部要因を取り入れながら既存の思考の枠を絶えず改変して、一見無駄と思われるものも共有しながら、組織内に多様性を確保していくことが必要とされる。

❖組織的知識創造理論の社会への応用

組織的知識創造理論は、本来企業経営の視点から、「イノベーションを起こす組織」のあり方を解明するために案出されたものだが、これを企業の外部を含めた「社会」というレベルへと応用することによって「イノベーションを起こす社会」の構造や要件を明らかにする試みが提起されている。ただし、

SECIプロセスを社会（あるいはその1つとしての「地域」）に応用しようとする場合[*32]、企業の場合とは異なった要件が挙げられる。それは、「社会的課題や危機意識の共有」「生態系アプローチ」「実践知のリーダーシップ」の3つとされる[*33]。これらは地域への応用にあたって新たに追加される要件というよりも、先に述べたSECIプロセスを促進する5つの要件をより強化したもの、あるいは「社会」というレベルに合わせてカスタマイズしたものと言える。

　企業における知識創造は、プロジェクトチームやタスクフォースといった、分野（部署）を超えて多様な知識を集める横断的なネットワークによってSECIプロセスを起動させることで起こりやすくなる。企業は全体としてみればヒエラルヒー型の組織構造なので、横のネットワーク自体は組織の命令によってつくることができる。「企業では物理的な動機（外因的動機）を使って、─例えば金銭的な契約によって─関係を構築することができる」[*34]ので、イノベーションを誘発しやすくするための構造自体は、組織的な指揮命令系統の内部に形成することが可能である。しかし、「地域」の場合には、地域内に存在しているヒエラルヒー型の組織を横断するネットワークは組織の外部につくられなければならない。そのため、先の3つの要件が必要とされる。

　まず、地域内の多様なプレイヤーを結びつけるためには「社会的課題や危機意識の共有」が必要になる。これは全員が共有できる「地域課題」である場合もあるし、裏返して言えばそうした課題の解決によって実現される「将来像」であるとも言える。こうした課題意識や将来像の共有によって参加者の主体的なコミットメントが引き出され、それがもともと地域にはなかった「つながり」を生み出す求心力になる。

　また、地域で共有されるべき課題よりも上位に位置するのが「共通善」である。「共通善」とは、「互いの尊厳を認め合う人間同士が共通して持つ倫理的・道徳的価値観」であり、「社会を善くする、地域や組織の人々の生活の質を向上させより善く暮らせるようにしたい」[*35]という共通の認識である。「善」という言葉で表現されると「きれいごと」のように考えられるが、一見実利的ではなさそうに見える理念は「地域」というレベルでひとのつなが

りをつくるためには必要不可欠である。というのも、企業の場合には組織的に1つの利害を持っているが、地域内の各産業や各組織にはそれぞれの利害があり、多様な利害関係の中で地域の人々は活動している。それゆえ、そうした個々の利害を超えた目線の高い理念や目的が「共有」されることによって、利害の異なる参加者が同じ方向に歩むパートナーとして連携することができ、知識の動的交流を育むつながりをつくることができる。

そして、地域レベルの組織横断的なつながりは、さまざまな文化を持つ地域内の組織の力関係を結ぶことで実現される。そのため、そうした地域の「生態系」を縫い合わせるようなネットワーク構造になる。人や組織のつながりが主体的な意思に依存しているので、ネットワークの境界もしばしば曖昧で、参加も退去も自由である。こうした臨機応変に形を変える動態的な組織構造によってネットワーク内の個人や各組織の利害や自律性が保たれる。個々のメンバーは、縦のラインからの命令によってではなく、それぞれの動きを見ながら自己判断によって共通の課題解決に向けた「協働」をすることになる。統一的な意思決定機構および指揮命令系統を持たずに、それぞれの分散的で自律的な意思決定を基本にしながら、互いに連携の場を創り出していくのが「生態系アプローチ」である。

そして、こうした動態的な組織構造で多様な人々の連携を進めていくためには、参加者の主体的なコミットメントを引き出せるような共通課題を設定し、共通課題の解決や共通善の実現に向けて人々を動かしていく強力なリーダーシップが必要とされる。そのためには、多様な参加者が主体的・自律的に協働してくための場を臨機応変に創り出して、組織や個人を巻き込んで刺激し続けるリーダーシップも必要になる。その際に、共通の理念を常に参加者全員に再確認させて、それぞれが共通の目的に向けて互いのできることや強みを組み合わせていけるように調整することで、新しい知識や解決法の創造へと誘導していくのが「実践知のリーダーシップ」である。

こうした3つの要件は企業内での組織的知識経営の場合にも必要とされるが、地域に応用される場合にその重要性が大きくなる。組織内に横串状のつながりを創り出すのではなく、既存の組織を横断する形でつながりを新しく創り出すことは、伝統的な地域組織の行動様式をある意味で解体し、再編する過

程だからである。地域の中での意思決定の仕組みを改変して、理念と課題設定によって人を集め、それを実現し解決していくための実践の場を創り出していくには、先の3要件を駆使した粘り強い労力が必要とされる。

3. 由布院のまちづくりと知識創造のプロセス

❖カリスマだけで観光まちづくりはできない

　由布院のまちづくりの過程は、この組織的知識創造理論の地域への応用の好例である。こうした視点から考察すると、まちづくりを「どのように」進めるかという点について重要な示唆を得ることができる。

　地域づくりではしばしばカリスマ的人材の存在が指摘され、由布院のまちづくりでもカリスマは非常に大きな役割を演じている。しかし、彼らの「理念」は、天啓のように個人の独創的な発想から生まれたものというよりも、地域の人々との相互作用から形づくられている。また、まちづくりには多様な人々の合意と協働が必要であって、彼らの理念だけでまちづくりができるわけではない。由布院においては、個人と「まち」との相互作用の場である動的ネットワークを通じて人々の思いがまちづくりへと広がっていった。個人とまちの間でダイナミックに知識が循環する場があることによって持続的にイノベーションが生まれている。

　まちづくりの核になっている理念と戦略は、由布院という場所で観光業を営むリーダーたちが生み出したものだった。それは、「由布院らしい」住み良いまちをつくるという目標と、それをまちの経済的自立の核にするという共通善に向けて、地域を変革することを目指すものだった。ただし、こうした目的や、それを実現するための戦略は彼ら個人の経験や文脈（ものごとの捉え方や考え方）に根差したもので、地域内の多くの人たちの考え方とも違っていたし、地域内の各産業にとっても簡単に共有できるものではなかった。「考える会」の初期に見られた対立はもとより、その後も繰り返される対立は、暗黙知に根差した知識を「まち」というレベルで共有することの難しさを物語っている。

　そこで、彼らはまず異なった産業や異なった組織・グループの人たちとの

話し合いを繰り返し、暗黙知レベルでの共有を図っている（共同化）。地域内に同居しているとはいっても、農業と観光業ではものの見方も、考え方や行動様式もまったく異なっている。暗黙知レベルでの考え方の違いを乗り越えて双方の方向性を揃え、互いの知識を交流させるためには、顔を突き合わせた丁寧な話し合いが必要不可欠である。これがすべてのまちづくりの出発点であり、分野や組織の異なる多様な人たちの間で、まちの将来についての考え方が暗黙知レベルで共有されていく。由布院のまちづくりの過程では、こうした垣根を越えた多様な話し合いの場が意図的に数多くつくられている*36。

そうした話し合いの中で地域内（時に地域外）の多様な知識の交流が行われる。さまざまな立場に立つ人たち、いろいろなものの見方をする人たちの知識が混じることで、リーダーたちが考えるまちづくりの方向性を示す新しいコンセプトが生み出される（表出化）。それは単なる新しいアイディアではなく、まちづくりに対する彼らの理念や戦略を示し、実現していくための新しい実践の種となる。こうしたコンセプトはまず「この指とまれ」で集まった人たちのグループ内で共有される。

ただし、共通体験によって得られる暗黙知の共有から生まれたコンセプトをまちのレベルに広げていくためには、具体的な形にしなければならない。そのコンセプトを具体化させる過程では、地域内の個人や組織が持っている既存の知識が再編され、さらに外部からの多様な技術やノウハウを取り入れながら、さまざまな企画やイベント、観光を通じた商品・サービス、あるいは旅館の経営方法といった体系立った形式知へと変換されていく（連結化）。そうした事業を通じて「由布院らしさ」とまちづくりの戦略は形式知化されて「まち」というレベルに拡大されていく。

そして、形式知化されたイベントに参加したり、商品やサービスを経験したりすることで、まちづくりの理念と戦略が再び個人の暗黙知の中へと変換され、落とし込まれていく（内面化）。

こうしたプロセスを通じて個人の知識と組織（まち）の知識が動態的に相互作用しあうことで、イノベーションが生み出されていく。SECIプロセスによる知識創造の過程と、そのために必要とされる要件を由布院のまちづくりの経験に合致するように単純化してまとめると図2・2のようになる。

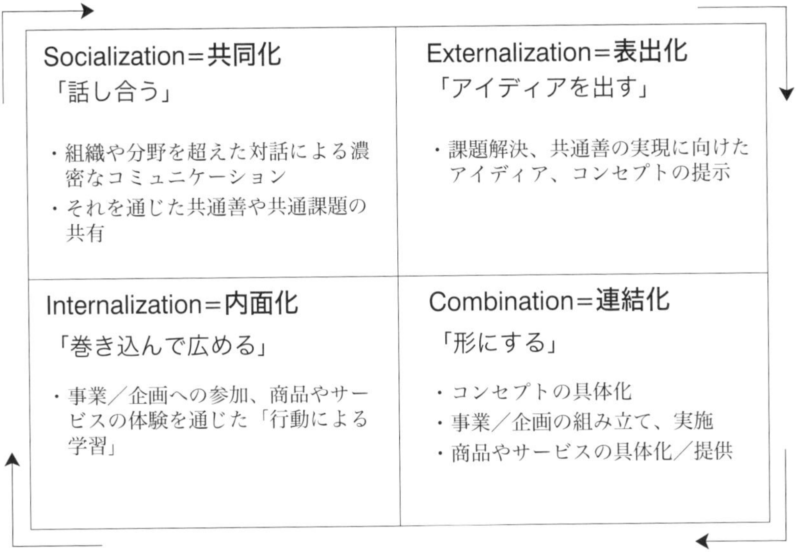

Socialization＝共同化 「話し合う」 ・組織や分野を超えた対話による濃密なコミュニケーション ・それを通じた共通善や共通課題の共有	Externalization＝表出化 「アイディアを出す」 ・課題解決、共通善の実現に向けたアイディア、コンセプトの提示
Internalization＝内面化 「巻き込んで広める」 ・事業／企画への参加、商品やサービスの体験を通じた「行動による学習」	Combination＝連結化 「形にする」 ・コンセプトの具体化 ・事業／企画の組み立て、実施 ・商品やサービスの具体化／提供

「地域」においてSECIプロセスを駆動させる要件
・共通の目標（課題）の設定と、それへの主体的なコミットメント
・分野／組織を超えたつながり
・場をつくり、人を巻き込んで動かしていくリーダーシップ

図 2・2 まちづくりにおける知識創造のプロセスとそのための要件

　こうした組織的知識創造のプロセスからわかることは、暗黙知レベルでの知識を体感しながら共有するモードと、それを形式知化して地域へと広げていくモードの双方がともに「まちづくり」の過程では重要な意味を持っているということである。
　まちづくりを進めるために重要なのはまちの人々に蓄積された「知識」である。それぞれの産業に関わる知識、地域の歴史や魅力についての知識、それを市場に送り出す知識など地域内にはさまざまな知識が存在していて、地域の生活は多様な知識の総体によって成り立っている。ただし、同じ地域に住んでいても、個人が持っているお互いの知識を深いレベルで交流させる場や機会は非常に少ない。こうした知識の多くが個人の中にあるものの見方や考え方と深く結びついているため、暗黙知レベルの知識を共有するためには濃密な話し合いが必要とされる。地域にある多様な知識の交流から「まちづ

くり」へとつながる新しいコンセプトが生まれるので、こうした話し合いを通じた相互理解の場は不可欠である。

　ただし、そのコンセプトは、話し合いに参加して場と時間を共有していない人には理解できない。そこで、コンセプト（アイディア）を記録やデータ、あるいは事業や製品として形にする（形式知化する）ことが必要になる。つまり、さまざまな形式知を組み合わせてイベントなどの事業を組み立てたり、製品の製造、そのためのオペレーションやマーケティングなどを構築したりする知的な作業が必要になる。また、話し合いの経過自体を記録やデータによって形式知化することも重要である。由布院の場合、まちづくりの過程を記録として残すことに大きな労力を払っている。こうした形式知によって、多くの人がまちづくりの意味や方向性を追体験することが可能になり、知識はまちへと広がっていく。イベント事業への参加や旅館が提供する商品やサービスの体験、あるいは文書やデータによる追体験を通じて、コンセプトは広く地域レベルにも共有される。

　由布院における「動的ネットワーク」は、暗黙知と形式知の双方を重視した知識の共有を行うことで、地域レベルで知識を動態的に生み出すプロセスとして機能している。

❖牛一頭牧場運動と知識創造のプロセス

　由布院のまちづくりにおける知識創造プロセスの最初期の例が「明日の由布院を考える会」から生まれた「牛一頭牧場運動」である。すでに述べたように、これは「考える会」での観光事業者と畜産農家、および他の実践会員を交えた話し合いから始まっている。その中で、まず畜産農家の経営が難しい理由についての相互理解が会員間で促進され、牧野を守るというまちづくりの方向性が共有されていった。そして、観光が持っている外部資源（顧客との結びつき）を利用することで畜産農家の経営を支援する「牛一頭牧場運動」というコンセプトが生まれている。これは、単に畜産農家の経営支援でもないし、観光の名物づくりでもない。農業と一体化した由布院の美しい景観を守るというまちづくりの姿勢と戦略を明確に示し、産業間の連携によって牧野の保全を実現するためのアイディアだった。

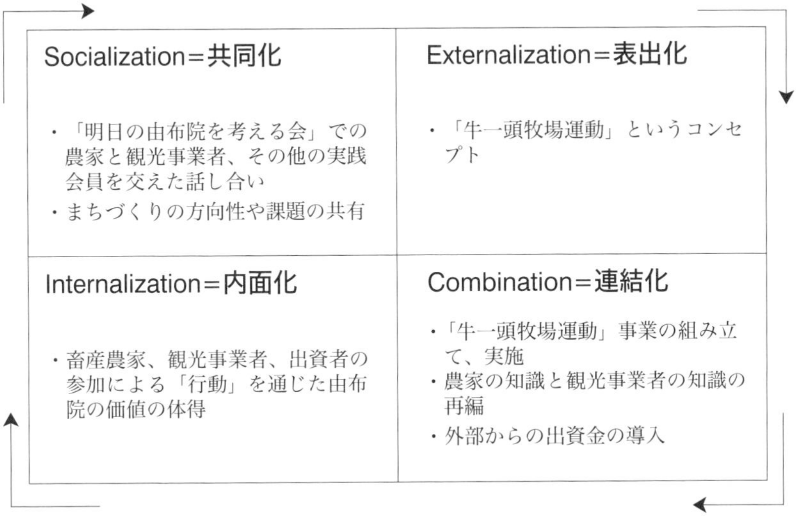

Socialization＝共同化	Externalization＝表出化
・「明日の由布院を考える会」での農家と観光事業者、その他の実践会員を交えた話し合い ・まちづくりの方向性や課題の共有	・「牛一頭牧場運動」というコンセプト
Internalization＝内面化	Combination＝連結化
・畜産農家、観光事業者、出資者の参加による「行動」を通じた由布院の価値の体得	・「牛一頭牧場運動」事業の組み立て、実施 ・農家の知識と観光事業者の知識の再編 ・外部からの出資金の導入

SECIプロセスを駆動させるために必要とされた要件
・「牧野を守る」という共通の目標への主体的なコミットメント
・畜産農家、旅館とその顧客による組織や分野を横断したつながり
・農家や旅館を巻き込み、出資者を巻き込んでいくリーダーシップ

図2・3 「牛一頭牧場運動」に見られる知識創造のプロセス

　このコンセプトは、運営の仕組みを創り出し、外部からの資金を導入することで、具体的な形で実現されていった。事業の組み立てにあたっては、畜産についての農家の知識と、顧客に働きかける観光事業者の知識が組み合わされ、既存の知識が整理されて連結されていった。子牛のオーナーとなった出資者は、利殖を目的として資金を提供したのではなく、由布院の牧野を守るという共通善への共感によって事業に参加している。

　そして、形になった事業に多くの人が参加することで、「考える会」の会員以外の観光事業者や農家、さらに外部からの出資者も、実践的な学習によって由布院の自然環境や景観が持つ価値と、まちづくりの理念と戦略を暗黙知として獲得していった（図2・3）。

❖ 「牛喰い絶叫大会」への展開

　SECIプロセスは一度限りの円環ではなく、繰り返されるスパイラルとし

て広がっていくことで、新たなイノベーションを生み出していく。由布院の「動的ネットワーク」もまた、動態的な知識創造のサイクルを繰り返すことで、連続的なイノベーションを発生させている。由布院の名物イベントの1つである「牛喰い絶叫大会」は、牛一頭牧場運動から派生したものである。これは、毎年秋に開催される牧草地でのバーベキュー大会であり、もともと牛のオーナーとなった出資者と畜産農家とが、自分たちが保全している牧野を一緒に体感し、そこで育った牛の味を確認するためのイベントとして企画された。イベントの組み立てや実施にあたって、由布院の多くの人たちが巻き込まれ、それぞれの知識がこのイベントによって再編成されている[*37]。人々はイベントへの参加を通じて、由布院の牧野の美しさと、それを守ったまちづくりの取り組みの意義を追体験することになる。

　また、バーベキュー会場で参加者が「絶叫」するという要素を組み合わせることで、マスコミの関心をひきつけ外部発信力を高めている。マスコミを利用することで、観光地としての由布院の姿勢をイベント参加者以外の外部へも広く発信している。マスコミを活用するための知識は観光事業者が培ってきたものだった。映像化されたイベントが発信されることは、外部への宣伝という意味はもちろん、由布院の人たちが自分たちの地域の価値を追体験するために重要な意味を持っている。

　このイベントの運営もまた、由布院のまちづくりの「つながり方」を体感できるような仕方で行われている。牛喰い絶叫大会は例年100名規模のボランティアスタッフによって運営されている。早朝のスタッフミーティングでは、会場となっている牧野を守ったことが由布院のまちづくりの原点であることが最初に実行委員長から語られる。実際の運営に関しては、大まかな役割分担が決まっているだけで、実行委員長や各セクションのリーダーからの指示はほとんどない。それぞれが自分の得意な持ち場で、経験あるスタッフの動きを見ながら主体的に行動することによってイベントが進んでいく。受け持ちパートでの仕事のやり方も自由度が高いので、それぞれが責任を持って「イベント参加者がどうやったら喜ぶか」を自分で考えて行動していく。こうしたやり方によってスタッフの主体的なコミットメントが引き出され、命令によらない自律的な行動によって協働の場がつくられていく。このような

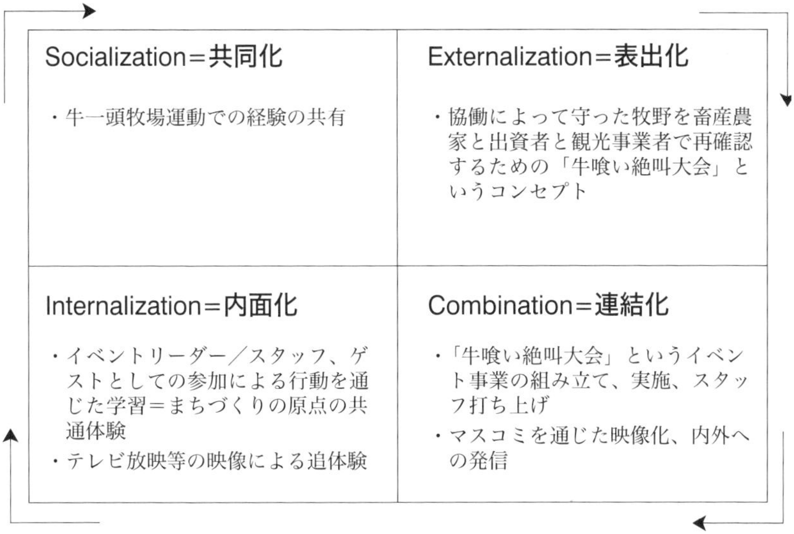

Socialization＝共同化	Externalization＝表出化
・牛一頭牧場運動での経験の共有	・協働によって守った牧野を畜産農家と出資者と観光事業者で再確認するための「牛喰い絶叫大会」というコンセプト
Internalization＝内面化	Combination＝連結化
・イベントリーダー／スタッフ、ゲストとしての参加による行動を通じた学習＝まちづくりの原点の共通体験 ・テレビ放映等の映像による追体験	・「牛喰い絶叫大会」というイベント事業の組み立て、実施、スタッフ打ち上げ ・マスコミを通じた映像化、内外への発信

SECIプロセスを駆動させるために必要とされた要件
・まちづくりの原点を再確認するという共通の目標への主体的なコミットメント
・分野や組織を超えたボランティアの参加
・ボランティアスタッフの主体的な働きを引き出してイベントを運営するリーダーシップ

図2・4 「牛喰い絶叫大会」に見られる知識創造のプロセス

イベントの運営方法を、リーダーおよびスタッフとして経験することを通じて、「動的ネットワーク」のあり方もまた個人レベルの暗黙知として習得されていく（図2・4）。

　牛喰い絶叫大会と同様に、由布院の名物イベントはいずれもまちづくりの知識循環の場として主要な役割を演じている。由布院はイベントを通じた情報発信の巧みさから外部への「宣伝上手」と言われるが、これらのイベントはまちづくりの基本姿勢を地域の「内部」に発信し、地域内の人々のつながりを生み出す実践の場となっている。コアメンバーに共有された暗黙知から生まれた新しいコンセプトは、イベントという具体的な形式知として「まち」へと拡大されることで、そこに参加する人たちに共有される。こうしたイベントを通じて、地域の人たちがまちづくりの方向性を体感し、「由布院らしさ」を共有することに大きな意味がある。また、ニュースとしての発信力を

持つことで、映像として形式知化されたものを見ることによって、イベントに参加していない住民も由布院らしさを追体験することが可能になっている。

　由布院を有名にした他のイベントの場合にも、たとえば湯布院映画祭の「映画館のない町での映画祭」、ゆふいん音楽祭の「星空の下でのコンサート」というコンセプトには、いずれも由布院の生活環境の中で一緒に文化を楽しむ人たちの新しいつながりを生み出し、地域の文化力を高めることで質の高い地域産品やサービスを生み出して地域経済を活性化していくというまちづくりの戦略が端的に示されている。こうしたコンセプトが実際にイベントという形に組み立てられ、そこにスタッフやゲストとして参加することでまちづくりの基本姿勢が多くの人たちに内面化されている。

　そして、次章で詳述するように、知識創造プロセスを駆動させる「動的ネットワーク」として機能している要素の１つが旅館である。まちづくりのリーダーたちの経営する旅館には、まちづくりの理念と戦略を示す「小さな宿」というコンセプトが表出化され、宿の姿とその経営方法には由布院の目指すものが具体的な姿で体現されている。宿泊客だけではなく、宿のスタッフ、またはそこに足しげく出入りする地域の人たちが、旅館のあり方や提供されるサービスを体感することによって新たな暗黙知を内面化する。旅館はそうした場として機能している。

　また、由布院のまちづくりの経験を伝える「物語」も、知識循環において重要な役割を演じている。「はじめに」で述べた３人の若者のヨーロッパ旅行で得られた経験は、３人の範囲で共有された暗黙知だった。その共有体験から着想を得たまちづくりの方向性を地域に広めるために、「クアオルト」というコンセプトが表出された。このコンセプトは、緑と静けさという由布院の価値の重要性を説いた大正時代の学者の講話や、まちづくりのリーダーたちや地元民の活躍話をちりばめて再編されることで、由布院の価値と戦略を具体的な形にしたサクセスストーリーがつくられている。若手経営者の渡欧物語に限らず、このまちの経験は多くのストーリーによって伝承されている。これらはフィクションではないが、まちづくりの思想と戦略をより良く伝えるように再編集されていて、こうしたストーリーを聞いたり読んだりすることでまちづくりの意味や方向性を追体験することが可能になっている[*38]。

由布院のまちづくりの過程でつくられてきた「つながり」である動的ネットワークは、こうした知識創造のプロセスを内蔵することによって、イノベーションを持続的に生み出す母体となっているのである。

4. イノベーションと観光の競争力

　由布院のまちづくりにおける②のフェーズである「つながりをつくる」ことは、観光によってまちづくりのための「動的ネットワーク」をつくることであり、そこから生まれる持続的なイノベーションが観光自体の競争力を育むという相互促進的な関係になっている。由布院では「まち」というレベルでの実践を生み出すために、分野や組織を横断して、参加者の主体的な意欲による人々の「つながり」をつくり、まちづくりの理念と戦略を地域全体に広げようとしてきた。そして、そうした人々のつながりが分野を超えたさまざまな知識を交流させる場となることで新しい試みが生じる。つまり、「まちづくりのための観光」を実践するつながりが連続的なイノベーションの母体となることで観光地としての競争力が育まれている。

　特に、由布院の場合にイノベーションが重要な意味を持つのは、このまちの競争力の源泉となっているのが「由布院らしさ」という地域特性だからである。由布院の場合、由布院らしいライフスタイルをつくることで地域の固有性を高め、他の観光地と差別化することでブランド化する「戦略」が観光地としての競争力の源泉になっている。こうした「戦略は真のイノベーションを必要とする」*39。先行するベストプラクティス（成功例や模範的モデル）を後追いするのではなく、独自のポジショニングを打ち出す「戦略」では、模倣は制限されるからである。地域特性によって競争力を獲得するためには、その活かし方も独自のものである必要がある。そのため、地域特性を活かし、強化するような新しい独自の取り組み＝イノベーションが持続的に発生しないとブランドを育てることも、競争優位を獲得することもできない。

　しかし、企業においても、イノベーションを繰り返すことでブランド・アイデンティティを育み、強いブランド力を構築することは容易なことではない。そこには多層的なブランド・マネジメントの手法が必要とされる。これ

を「地域」レベルで実践することは、なおのこと難しい課題である。地域の中ではさまざまな利害関係が交錯していて、合意形成が難しいうえに、統一歩調を取らせたりするための指揮命令系統が存在していないからである。

それだけに、何らかの仕組みによって、地域の独自性についての認識を住民や事業者自らが共有するとともに、その特性を活かしたイノベーションを持続的に発生させることで、包括的な「由布院らしさ」をつくることが必要になる。

この点で、動的ネットワークによる組織的知識創造のプロセスは、まちづくりの基本的な理念と戦略が共有されるモードが組み込まれることによって、イノベーションに一定の方向づけを与える機能を持っている。動的ネットワークでは、まちづくりの理念が参加者の主体的なコミットメントを引き出すための共通目標として設定され、「由布院らしい」住み良く、訪れて良いまちをつくるという大きな共通善によって人々のつながりがつくられている。

そして、最初にまちづくりの基本となる理念や戦略が暗黙知レベルで共有され、さらにそこから新しいコンセプトが生み出される。そのため、新しいコンセプトはまちづくりの姿勢と方向性を表現していて、「由布院らしさ」を基盤としたものになる。そのコンセプトは具体的なイベントや企画として形になって地域レベルにまで広げられる。観光事業者や各産業、そして地域住民や外部からのゲストやサポーターは行動を通じてそれを体感することで、まちづくりの理念と方向性を内面化することになる。

もちろんこうした内面化は、イベントに参加したり、商品やサービスを体験したりすることで体得されるものであり、既存の地域組織のように号令一下の動員によって多くの地域住民を巻き込むやり方とは違っている。それだけにリーダーたちは動的ネットワークを数多く創り出し、その範囲を広げることで、より多くの関係者や住民を巻き込む不断の努力を繰り返してきた。こうした場を通じてまちづくりの「理念」が暗黙知として地域内に広がることで、「由布院らしさ」を基盤とした新しい企画や取り組みが持続的に生まれてきた。

観光と動的ネットワークとの相互作用の関係を図にまとめると、図2・5のようになっている。

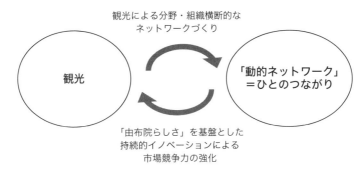

図2-5　「動的ネットワーク」＝ひとのつながりと観光の相互関係

　知識創造プロセスにおいて出発点となる暗黙知には、「我々が持っている『こうである』という現実のイメージと『こうあるべきだ』という未来へのビジョン」[*40]が映し出されている。そして、「イノベーションの本質は、ある理想やビジョンに従って世界を創り変えることにある」[*41]。つまり、動的ネットワークは、こうした暗黙知を「まち」に拡大してまちづくりの意味と方向性を多くの人々が体得することを可能にするとともに、由布院の戦略を実現するための連続的なイノベーションの発生母体として機能している。

　住民の間で共有された「由布院らしさ」を基盤として、それを体現するイノベーションが繰り返されることによって、観光地としての由布院の競争力は持続的に維持されている。その過程を第3章でさらに明らかにしたい。

注
* 1　中谷健太郎〔2006b〕p.192
* 2　中谷健太郎〔1995〕p.79
* 3　中谷健太郎〔1995〕p.156
* 4　『花水樹』No.3、p.5
* 5　前文も含めた引用部分、『花水樹』No.8、p.16
* 6　中谷健太郎〔1995〕p.46
* 7　中谷健太郎〔2006b〕p.200
* 8　溝口薫平〔1988〕p.194
* 9　前文も含めた引用部分、同上、p.195
* 10　英語の部分については、フリードマン, トーマス〔2008〕p.330を参照。
* 11　この点については、大澤健〔2018〕pp.94-95、およびそこで取り上げている論考として、安村克己〔2006〕、森重昌之〔2014〕、岩崎正弥〔2016〕、阿比留勝利〔2010〕を参照。
* 12　野中郁次郎、竹内弘高〔1996〕p.3
* 13　野中郁次郎、紺野登〔1999〕を参照。
* 14　ポーター, マイケル E.〔1999〕p.80
* 15　野中郁次郎、竹内弘高〔1996〕p.84

* 16 同上、p.8
* 17 前文も含めた引用部分、同上、pp.8-9
* 18 前文も含めた引用部分、同上、p.9
* 19 同上、p.8
* 20 同上、p.88
* 21 同上、p.17
* 22 同上、p.126
* 23 同上、p.9
* 24 同上、p.88
* 25 同上、p.90
* 26 前文も含めた引用部分、同上、p.126
* 27 同上
* 28 前文も含めた引用部分、同上、p.95
* 29 同上、p.102
* 30 同上、pp.109-124
* 31 同上、p.105
* 32 組織的知識創造理論の「地域」への適用については、ポーター, マイケル E.〔1999〕の「クラスター理論」と関連づけて論じられる場合が多い（たとえば、友澤和夫〔2002〕）。また、由布院の経験を「クラスター」の一例とする指摘もある（山崎朗〔2002〕p.12）。ただし、野中郁次郎、ラインメラ, パトリック、柴田友厚〔1998〕は、「これらの概念（クラスターやネットワーク；引用者注）は形式知を前提としており、知識創造にとって必要な暗黙知を主要構成概念としていない」（p.5）としている。確かにクラスター理論が明示的に「暗黙知」を主要構成概念にしていないのはその通りだが、この理論は「暗黙知などの場に根ざした諸関係を提供する母胎」（友澤和夫〔2002〕p.36）として地理的に近接する産業集積に重要な意味を与えていると考えられる。本書も、両理論は密接な関連を持っているという認識を共有しており、由布院のまちづくりを「クラスター」という視点から考察することも可能だと考えている。
* 33 野中郁次郎、廣瀬文乃、平田透〔2014〕第2章および第4章を参照。同書では、「社会的課題や危機意識の共有」「生態系アプローチ」「衆知創発の知識創造（SECI）プロセス」「実践知のリーダーシップ」の4つを「社会的価値共創の要件」としている。ここでは、「衆知創発の知識創造プロセス」以外の3つを取り上げて、企業に適用する場合との要件の違いを述べる。
* 34 野中郁次郎、竹内弘高〔1996〕p.57
* 35 前文も含めた引用部分、同上、p.59
* 36 中谷健太郎〔2006a〕p.148には、「まず最初は話し合いからです。音楽祭も映画祭も、牛一頭運動も、辻馬車も食文化祭も、蝗攘祭もすべて『話し合い』から始まったんです。話し合いは『人』と『場所』で成り立つ。」と述べられている。
* 37 その様子は、以下のように描写されている。「前年、牛の全国共進会で農林大臣賞を獲った荻重利氏が、食味第一等の肉牛をみたて、屠殺に廻し、捌きのお世話までしてくれた。…女子衆は、鍋、釜、賄板・包丁を担いで急坂を登った。男衆は足弱のお客さんを耕運機に載せて運んだ。役場の秋吉氏が騒音測定機を担いで駆け付けてくれ、元商工会指導員の…佐藤雄也氏が、お祭り男の面目を背負って、呼び出し太鼓を打ってくれた。招待された清水町長と高田議長は期待通りに賞金スポンサーを買って出られ…」（中谷健太郎〔2006b〕pp.195-196）。地域内のさまざまな人の知識と労力と資金を糾合して再編することでイベントを組み立てていく様子は、由布院の他のイベントにも共通している。
* 38 「暗黙知を大きく失わずに知を伝達できる形態としての物語り」の重要性については、野中郁次郎、紺野昇〔2012〕pp.106-118に述べられている。
* 39 ポーター, マイケル E.、竹内弘高〔2000〕p.139
* 40 野中郁次郎、竹内弘高〔1996〕p.9
* 41 同上、p.12

第3章

「市場競争力」
＝観光地としての成功をつくる

由布院温泉の観光地としての競争力は、第1章で述べた「由布院らしさ」＝地域特性をつくるというフェーズと、第2章で述べた「動的ネットワーク」＝ひとのつながりをつくるというフェーズが相互に作用することによって生み出されている。「由布院らしさ」が他の観光地との差別化によって「ブランド力」へと転化し、「動的ネットワーク」が由布院らしさを基盤とした持続的「イノベーション」の母体となることで由布院の観光地としての強い競争力が生み出されている。

　本章では、こうした競争力強化のプロセスを実際のまちづくりの経験から例証する。とりあげるのは、由布院の景観と調和する「小さな宿」とその経営方法の広がり、「農と食」＝由布院の農業と料理、アートや景観形成を含む「文化のまち」づくりという3つの領域である。これらは現在われわれが「由布院らしさ」としてイメージする地域特性の核になっている領域で、由布院ブランドを構成する中心的な要素である。こうした実践例から、地域特性に裏づけられたブランド力の強化と、それを基盤としたイノベーションによってこの温泉地の市場競争力が強化されていることを明らかにする。

【観光まちづくりの実践例1】
由布院らしい「小さな宿」の拡がりと集積の過程

1. 由布院らしさをつくる「小さな宿」戦略

❖観光まちづくりの核としての旅館

　由布院温泉の大きな魅力は、周辺に豊かな自然が残され、田園風景の続く盆地のどこからでも由布院の象徴である秀峰・由布岳が望める景観の美しさにある。人気の観光地でこうした自然や景観を保全することは想像以上に難しい。観光産業が成長していくにつれて、木造だった旅館は鉄筋コンクリート造のビルへと巨大化していき、誘客を競う看板やサインの乱立によって景観が破壊されるからである。自然や景観が多くの来訪者をひきつけた観光地であっても、観光産業が自らの成長によってその魅力を蝕むことは多くの観光地に見られる現象である。特に、由布院のような人気の観光地で、周辺に開発の余地が残されている場合には、こうしたことがよく起こる。実際、観光地としての知名度が上がるにつれて、この地域にも巨大宿泊施設を建設しようという波が何度も訪れた。

　こうした乱開発を防ぐためには、条例などによって規制をかける方法もある。湯布院町でも高度成長期の1972年には「自然環境保護条例」、バブル経済期直前の1984年に「住環境保全条例」、そしてバブル経済のリゾートブームに直面した1990年には「潤いのある町づくり条例」を制定して、巨大開発を食い止めてきた歴史を持っている。こうした先駆的な条例が乱開発を押しとどめる上で果たした役割は非常に大きい。

　しかし、由布院温泉は規制だけで緑と静けさを守るようなまちづくりをし

てきたわけではないことはこれまで述べてきた。条例や規制を厳しくして外部資本の侵入を防ぐことは、本当の意味で自然や景観を守ることにはならない。いくら規制によって開発を押しとどめても、自然や景観では飯を食えない、ということになればそれらは観光用地として売却されるか、放置される。それだけに、観光を手段として使うことで、地域の自然や景観の価値を地域内の人に認識してもらうとともに、それらを創り出している農業を中心とした地域産業を振興することで、この地の景観を守ることを目指したまちづくりを観光事業者は行ってきた。

　こうした戦略において中心的な意味を持ったのが由布院温泉の旅館のあり方である。現在、由布院の旅館の代表的なイメージは、「木に囲まれた低層の古民家風離れの宿」である。旅館によって和モダンや欧風のテイストなどを取り入れながら、ほとんどの旅館の規模は小さく、上ではなく横に広がっている。遮るものがない景色の中で由布岳の眺望を楽しみ、ゆったりとした生活型の居住空間でくつろげることが由布院の温泉旅館の大きな魅力になっている。

　自分たちの旅館をあえて大きくしないという選択をしたのは、まちづくりのリーダーたちだった。農地や商業用地、住民の生活空間と観光が共存する由布院において、旅館だけが大きくなると景観は簡単に壊れてしまう。田園や生活空間と調和する「小さな宿」であることで盆地内の自然環境や景観が守られ、それが翻って観光地としての競争力につながる。そう考えたリーダーたちは、旅館の巨大化に反対し続けただけではない。率先して自らの旅館を大きくしないことで景観を守り、旅館の周辺や敷地内に多くの木を植えることで旅館を目立たせないようにしながら町内の自然環境を豊かにしていった。盆地の景観や農村空間と共存するために旅館を大きくしないという発想自体が地域特性に合わせた独自のイノベーションであり、他の温泉観光地では見られないものだった（図3・1）。

　ただし、小規模旅館を競争力のある宿として経営していくことは想像以上に難しく、通常の温泉旅館経営とは異なった独自の経営方法が必要とされた。こうした独自の経営方法は、観光によって「由布院らしさ」をつくり、その特性によって観光自体の競争力を育むというまちづくりの戦略と表裏一体をなしていた。「小さな宿」だからこそ地域特性を磨いていくさまざまな取り組

図3·1　緑に囲まれたT旅館の入口

みが可能であったし、そうした由布院の特性と一体化することで旅館の魅力を高めていく経営方法が編み出されている。そして、旅館の規模が小さいからこそ実現できる地域の人々や顧客との強い結びつきもまた、「まちづくりのための観光」という由布院温泉の戦略を実現するために重要な意味を持っていた。地域の特性に合わせた旅館のスタイルと、小さな宿だからこそ実現できる「まちづくり」と連動した経営手法は、中心的なリーダーであった2人が営む旅館から始まっている。本項ではまず「小さな宿」が「由布院らしさ」を育むために演じている役割について考察する。

　しかし、こうした戦略を地域全体へと広げることは決して簡単ではない。旅館の経営者は一国一城の主であって、それぞれが自分のスタイルで経営をしている。そのため、同じ旅館経営者といえども、温泉地全体で戦略を共有することはかなり難しい。しかも、あえて「小さな宿」にすることは、旅館経営上も好ましいものではなかった。こうした戦略は通常の温泉観光地、あるいは温泉旅館のあり方に逆行していたからである。他の温泉観光地では高度成長期からバブル期にかけて旅館の巨大化を進め、多くの団体客を受け入れることで繁栄していたし、それが普通の宿泊業の発展の仕方だった。多く

の温泉旅館が収益性を高める方法として「大きくする」戦略をとる中で、旅館経営者として儲からない選択をすることは極めて難しい。まして、まちづくりへとつながるように旅館を経営する手法は当時の一般的な旅館とは異なった独自のものだっただけに、こうした手法を含めて「小さな宿」戦略を採用することは由布院の旅館経営者にとっても難しかった。

　こうした中で、由布院の地域特性に合わせて生み出された独自の旅館のスタイルはどのようにして由布院温泉全体に広がっていったのか。由布院の美しい自然に育まれる独自のライフスタイルが観光地の競争力の源泉になると考えた先駆者たちの理念と、それを実現するための「小さな宿」戦略を温泉地全体へと広げていったのは、地域内の新たな起業者たちだった。彼らは、「まちづくり」の中で生み出された多様な動的ネットワークを通じて、先行する「小さな宿」の理念を体得して旅館業に参入した。こうした起業の連鎖によって、先駆者たちの戦略を継承する宿が盆地の全域に広がることで「由布院らしい」旅館のあり方が形成されていった。由布院の景観は、条例による規制だけではなく、その理念と経営手法を自分のものとし、さらに発展させようとした旅館の創業者たちによって守られてきた。以下ではその過程を考察する。

❖「小さな宿」の特徴

　由布院温泉のまちづくりを牽引したリーダーたちは由布院を代表する名旅館の経営者でもあった。N氏が営むK旅館と、M氏が営むT旅館という2つの旅館は客室数が20前後で、広い敷地面積を持った古民家別荘風の離れ形式の宿である。いずれもハイセンスな顧客を満足させる高級旅館で、これらの旅館が確立したスタイルがその後「由布院らしい」旅館の典型となっていく。

　その特徴は、以下の点にある。
①高くしない（低層建築）
②客室数を多くしない
③古民家（別荘）風の外観

　これらの特徴は、由布院盆地の豊かな自然景観に配慮したものであり、そこに育まれる田園生活空間と調和していくために不可欠なものであった。

また、
④旅館の周辺や敷地内に木（雑木）を植える
ことも両方の旅館の特徴である。もともと湖だったという伝承もある由布院盆地の中心部は泥質地であり、広大な田圃が広がっていた。そのため、両旅館はもともと田圃だった敷地やその周辺に雑木を植えることで、生活空間の中の旅館を目立たなくするとともに、街中の自然を豊かにしてゆったりとした独自の景観を創り出している。人々に安らぎを与える雑木の緑は由布院の旅館の象徴となっている。

こうした外観上の特徴に加えて、「小さな宿」は独自の経営方法を必要とする。観光産業の泣き所は、曜日や季節による集客数の変動が非常に大きいところにある。多くの客は土日と、正月やお盆などの長期休暇中に集中する。旅館業は儲けられるときに儲けなければならないので、「土日の客数まで旅館を大きくする」という経営上の"法則"がある。そのため、マスツーリズム全盛期には、収益性を高めるために鉄筋コンクリート造の高層旅館にすることが一般的な経営方法だった。

この"法則"に反して小さな宿を成り立たせるためには、
⑤価格帯を高く設定する（高級化路線）
⑥リピーターによって日ごとの客の入りを均等化して、平日の稼働率も上げる
ことによって収益性を確保する必要がある。

こうした小さな宿の経営戦略は、集客方法という点で20世紀には非常に難しかった。マスツーリズムにおける主要な集客ルートとなっていた旅行会社のビジネスモデルとマッチしなかったからである。旅行会社は手数料を収益源とするビジネスモデルなので、大きな旅館に大量の客を送り込むと収益が大きくなる。そのため、小さな宿にはあまり送客したがらない。国内の有名温泉地のほとんどは旅行会社からの送客に依存したために、旅館を大きくするという選択をしていた。そこで、旅行会社に依存しない集客をするためにも、旅館のブランド力を高めるとともに、なじみのリピーターを増やす必要があった。

こうした高級化路線、リピーター戦略にとって重要な意味を持ったのが、
⑦料理の質と地産地消への強いこだわりがある

という特徴である。温泉旅館に特有の「会席料理」ではなく、独自の料理を開発し続けたことがこれらの旅館の満足度を非常に高くしている。また、他の観光地と明確に差別化するために、地域の産物を活かす「地産地消」にもこだわり続けた。一般的に、旅館の規模が大きくなると地物を使うことは難しくなる。大きな旅館では、規格がそろった食事を大量に提供しなければならないので、地域外の大産地から食材を調達したほうがコスト面でも、安定調達の面でも好都合だからである。小さな宿であることで、地元の食材を積極的に活用することができたし、それが食材の調達や料理の提供方法にも大きな影響を与えている。旅館の小ささが由布院の料理に独特の特徴を与えていることは次の実践例2で詳しく述べる。

　ただし、地域の食材にこだわるのは単に旅館の魅力を高めるためだけではない。旅館を通じて地域の農産物の魅力を高め、地元産品の「特殊市場」をつくることで由布院の農業を守ることが、由布院のまちづくりの戦略だった。そのため、単に旅館が地元食材を購入するだけではなく、新しい素材や名物の開発を農家と共同で行っていく作業が繰り返し行われている。具体的には、契約農家や協力農家とのつながりの中でそばや地鶏などの名物化が図られている。この戦略を実現するための中心的な機能を旅館が担ってきた。

　さらに、
⑧飲食店、土産品店、喫茶室などのパブリックスペースを敷地内に持っていることも、これらの旅館の特徴である。大きな温泉旅館では、こうした施設は自館の宿泊客向けで、客を囲い込んでなるべく多くのお金を旅館内で落としてもらうことを目的としている。しかし、小さな宿でこうした施設を成り立たせるためには、宿泊客以外の顧客に利用してもらう必要があるので、必然的にオープンスペースとして積極的に開放していくことになった。

　敷地内に併設されているこれらのオープンな場所は、単に旅館の収益を高めるだけではなく、まちづくりの上でも大きな意味を持っていた。雑木の植えられた敷地内にあるパブリックスペースは「由布院とはどういうまちなのか」を伝えるように設えられていて、まちづくりの理念を体感できる場となっている。いわば、「由布院らしさ」を暗黙知レベルで共有するための「場」となっている。そのため、こうした空間は、観光客にはもちろん、地域内の

人たちや外部からのサポーターにも由布院らしさを伝える場として重要な役割を演じている。まちづくりにかかわった地元の人たちやサポーターには、こうしたパブリックスペースに足しげく出入りしていた経験を持つ人たちが非常に多い。また、映画祭や音楽祭の前夜祭や打ち上げなどのパーティー会場として、あるいは食関連のイベントの会場として、さまざまな動的ネットワークを形成する場にもなっている。こうした空間の存在が、まちづくりの理念やそれを実践するためのイノベーションの伝播にも大きな役割を果たしている。

　また、飲食店や土産品店は「地産地消」のためにも重要な役割を持っていて、地元の食材にこだわった独自の料理や土産品等の物産開発にも力を入れてきた。これらの施設は、地域産品の売り場であるとともに、加工場としての機能を持っている。そして、板場や土産品店で腕を磨いた料理人や物産担当者をスピンオフにより独立させることで、まちづくりの理念を地域内に広げていくとともに、まちの賑わいを増やしていく機能も持っていた。こうした料理人の交流とスピンオフによって地産地消へのこだわりが地域内に広がり、由布院独自の料理が形成されていく経過についても実践例2で考察する。

　加えて、

⑨女将がいない

こともこれらの旅館の大きな特徴である。女性社長はいても、あくまでも女性の経営者として活動していて、和服でご挨拶をするという温泉旅館特有の「おもてなし」をする女将はいない。女将がいないことは日本の著名な温泉地ではかなり珍しい特徴なのだが、リーダーたちの旅館の接遇スタイルが由布院温泉全体で共有されている。後にとりあげるM旅館の場合、亭主の美意識によって客をもてなすというリーダーたちの旅館のスタイルが自身の開業への大きな動機になったと述べている。

　女将に象徴されるような旅館の伝統的な接客スタイル、つまり顧客にかしずいて上げ膳据え膳の「サービス」を提供するのではなく、主客対等で亭主の価値観と美意識を客と共有することで遇するという由布院の旅館の「ホスピタリティ」は、まちづくりにとっても大きな意味を持っていた。というのも、旅館のなじみ客であるお得意様は、由布院の魅力を愛する同志として、

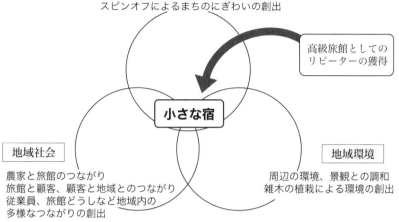

図3・2　「小さな宿」に見られる3要素の結びつき

何か事を起こす際にはサポーターとなってさまざまな役割を演じることになったからである。リピーターとして旅館と結びついている顧客を「まち」と結びつけることで、外部からの強力なサポーターとして活用することが由布院のまちづくりを支える大きな力となっている。小さな宿であることによって、お得意様をたんなる「泊り客」以上の存在とすることが可能になり、旅館自体がこうした顧客を通じてさまざまな外部資源を導入するための窓口となっている。

　このように「小さな宿」は、観光事業者が積極的に自然や景観の価値を高めるとともに、地域産品の売り場や加工場となることで農業などの地域産業を振興して農村景観を保全するという「まちづくりのための観光」という戦略の核となっている。旅館が小さいことで、農家や地域内のさまざまなひとたちや外部のサポーターたち、さらには顧客との強いつながりが維持され、これがまちづくりの戦略を実現する上で大きな役割を演じている。その意味で、由布院らしい旅館のスタイルは「地域環境」や「地域社会」を「地域経済」と結びつけるために編み出された由布院独自のイノベーションだった。図にすると、図3・2のようになる。

ただし、リーダーたちが由布院の独自性に合わせて編み出した「小さな宿」戦略は当時の温泉旅館のあり方とは大きく異なっていただけに、地域全体に拡がらない可能性もあった。実際、80年代前半までは由布院温泉内に同様の戦略をとる旅館はほぼなかった。節を改めて、由布院温泉の旅館群が年代を追ってどのように形成され、「由布院らしい」旅館のスタイルが盆地全体に広がっていったのかを旅館の開業経過を追いながら見てみよう。

2. 由布院における旅館の形成過程

❖高い頻度で続く旅館の新規開業

　年代ごとに由布院温泉における新規旅館の開業数をまとめると、表3・1のようになっている[*1]。

　この表からわかることは、景気の変動や社会環境の変化にもかかわらず、新規の宿泊施設が継続的に開業し続けている点である。「まちづくり」活動によって徐々に注目されるようになった70年代の終わり、1980年の時点で確認できた旅館数は43軒だった。由布院が人気の観光地になり始め、バブル経済期を迎えた1980年代には39軒の新規開業があった。その後、バブル経済崩壊によって国内の観光産業全体が低迷期に入る1990年代にも40軒、2001年以降（2016年まで）に41軒、とほぼ同じペースで宿泊施設が増えている。この中には廃業した旅館も含まれているが、開業のペースがそれをはるかに上回っている。

　この40年間、バブル期を境に国内の観光産業が大きな曲がり角を迎え、また観光地ライフサイクルの常として由布院温泉の人気にも陰りが出てきたと言われ続けてきた。実際に2002年くらいから由布院温泉の宿泊客数も減少している。しかし、こうした変化の中でも高い頻度で

表3・1　由布院における年代ごとの開業旅館数
（「1970年代まで」の数は、1980年時点での総数）

	開業数
1970年代まで（～1980）	43
1980年代（～1990）	39
1990年代（～2000）	40
2000年代（～2010）	32
2010年代（2011～2016）	9

表 3・2　年代ごとの新規旅館の開業数（地域別）
（「1970 年代まで」の数は、1980 年時点での総数）

	新町	乙丸	田中市	湯の坪	津江	岳本	川南	佐土原・鳥越	高原	不明
1970 年代まで（〜1980）	6	5	6	7	6	3	6	0	2	2
1980 年代（〜1990）	3	5	3	**10**	3	6	5	2	2	
1990 年代（〜2000）	4	2	2	1	5	7	7	6	6	
2000 年代（〜2010）	2	1	1	2	6	2	2	**14**	2	
2010 年代（2011〜2016）	0	0	0	0	1	1	1	3	3	
合計	15	13	12	20	21	19	21	25	14	2

の旅館の開業が続いていて、温泉地内の旅館数は増え続けている。旅館の数が増えることには功罪があり、景観の保全という点ではマイナスに作用しかねない。実際、まちづくりの中心となっている人々は新たな旅館が増えていくことを抑制すべきだと考えている。ただ、そうした心配をしなければならないほど、新規開業というイノベーションが高い頻度で続いていることは注目に値する。

次に、新規開業旅館数を地区ごとにまとめたものが表 3・2 である。この地区分けは由布院温泉旅館組合のものに従っている。由布院温泉の大まかな地理的配置（p.22 の地図参照）を述べると、由布院駅を起点として、その周辺が乙丸、駅から東に向かう幹線道路沿いが新町、駅から南に向かう幹線道路沿いが田中市で、これらの地区が商店街や役場を含む古くからの町の中心だった。由布院駅と金鱗湖の中間地点が湯の坪で、現在では土産品店が密集する最もにぎやかな「原宿」エリアとなっている。盆地の東側にある金鱗湖周辺の北のエリアが岳本で、南のエリアが津江である。岳本は名前の通り由布岳から続く山塊から盆地に降りた地点にあり、津江は田んぼが広がる田園地帯へと続いている。ここまでが盆地の底の比較的平坦な地域である。中心から離れるにつれて盆地周辺のすり鉢を駆け上がる斜面になるが、南斜面が川南、北東斜面が鳥越・佐土原、北西斜面が高原と大まかに区分される。住

居や商店が混在する中心部から周辺にかけてのところどころに旅館が集積しながら、盆地全体に旅館が広がっていることが由布院温泉の特徴である。

　1970年代の初期段階の由布院温泉は、由布院駅を中心とした乙丸、新町、田中市の幹線道路沿いに旅館が多く見られ、中心的な温泉街を形成していた。そのほかに、湯の坪エリアと川南に旅館の集積がみられた。駅周辺に集積していた旅館は商店や公的施設と混在していて、そのほとんどが木造または鉄筋コンクリート造の典型的な「温泉旅館」だった。駅から離れて金鱗湖周辺の岳本、津江には、こうした温泉旅館はあまりなく、より小規模な「民宿」が多かった。中心部の温泉旅館にしても、周辺部の民宿にしても、客室数はどれも少なく、ほとんどが小規模の宿泊施設だった。

　まちづくりのリーダーたちが営むT旅館（湯の坪）とK旅館（津江）は中心部から少し離れた田園地帯との境目に立地していて、当初古民家別荘風・離れ形式の宿はこの2軒だけだった。そのほかに離れ形式ではない古民家別荘風の宿が湯の坪に2軒あったものの、これら4軒は「すこしばかり毛色の変わったチビ旅館」[*2]であったという。

　この時期に、外資による観光開発の波が由布院にも訪れ、それが「明日の由布院を考える会」の設立の契機になったことはすでに述べた。猪の瀬戸のゴルフ場建設は中止になったものの、その後も外部資本による大規模な別荘地開発や、規模の大きな宿泊施設の建設が計画され、そのいくつかは実行に移された。こうした流れへの反復的な反対運動としてまちづくり意識が徐々に形成されていき、緑と静けさを大事にする「保養温泉地」という方向性が町の中に浸透していくことになった。

　ただし、1970年代においてその方針は確固としたものではなかった。弱小旅館からすれば外資による周辺観光施設の開発によって客数が増大して、それにあわせて旅館の規模を拡大するという通常の温泉地と同じ戦略への潜在的な期待感があったし、湯布院町行政もそれを後押しする気配があった。そのため、旅館同士も一枚岩だったわけではなく、まちづくりの活動は常に軋轢を生みながら進んでいった。むしろ、K旅館やT旅館は、独自路線をとれる高級旅館として「別格」であると認識されがちで、両旅館のスタイルを取り入れる旅館はほとんどなかった。

1980年代に入り、1985年前後から急速にペンションの開業が増えていく。周辺を山に囲まれた由布院は温泉地であるだけではなく、高原の別荘地でもあり、この開業ラッシュは全国的な"ペンションブーム"に歩調を合わせたものである。

　ただし、他の地域のペンションの多くが林間の「ペンション村」や「別荘地」に立地していたのとは対照的に、由布院温泉で初期に開業したペンションのほとんどは、田中市や湯の坪といった由布院の中心エリアに混在している。表3・2で、80年代に湯の坪の旅館数が急速に増えているのはこのためである。これらの多くは由布院の地元の人々が始めたもので、他所のように脱サラして移住した都会の人たちによるものではない。これら新規のペンション開業者たちは、もともと街中に土地を持っていた人たちが多く、70年代のまちづくり活動の参加者、またはそれに近い人たちだった。

　まちづくりの最初期段階である1971年にN氏、M氏を含む若手旅館経営者3人がドイツを訪問して以来、欧風に範をとった保養型温泉地のイメージが内外に広められ、1978年には町長をはじめとする町民研修団がドイツを再訪していた。1970年代にこうした温泉保養地のイメージが地域内で定まっていくにつれて由布院温泉には欧風の旅館が現れ、この後もペンションに限らず、ホテルや旅館においてもヨーロッパの高原風のテイストを取り入れた宿泊施設が由布院温泉の1つの系譜として現在まで続いている。

　それゆえ、これらのペンションは、70年代に形成されてきたまちづくりの新しいイメージを取り入れて、③の古民家風という特徴を「欧風」に変換しながら、「小さな宿」という特徴を継承したものだった。初期のペンションは盆地の底部である中心部に商店や他の旅館と混在していたので、高原風ペンションの体をとるために④の木を植えるという特徴も共有されることになり、まちの景観形成に貢献している。ただし、ペンションという形式では⑤の高級路線をとることは難しいので、自ら所有する土地を活用して初期投資を低く抑えることで、収益性を確保している。逆に言えば、それなりに地価が高い中心部にペンションを開業することは、地域外からの新規参入者にとって経営的に難しかったといえる。⑦についても、いくつかのペンションはオーベルジュ形式の宿として、従来の和食や郷土料理風の食事を西洋料理へと広

げていった。すべてではないが⑧のパブリックスペースを持った施設も見られる。また、ペンションなので、⑨の「女将がいない」という特徴も共通している。このように、「小さな宿」戦略は「欧風」というイノベーションを加えながら、ペンションという形へと展開していくことになった。

　バブルの大波が由布院盆地に押し寄せてきた1980年代末から90年代初頭にかけてもペンションの開業が続いていくが、この時期にはそれ以外の2つの流れが加わって、新規開業旅館は3つのトレンドとなって並走していった。この時期が由布院の旅館のあり方にとっての大きな分岐点になっている。

　1980年代後半のもう1つの流れは、バブル経済を反映した旅館の巨大化である。この時期、由布院でも会員制のリゾートホテルやリゾートマンションが計画され、鉄筋コンクリート造の高層建築の宿泊施設が建てられようとした。景観を破壊しかねないリゾート計画に対して、まちづくりに関わってきたメンバーを中心に根強い反対運動が展開され、最終的には1990年の「潤いのある町づくり条例」や都市計画によって高さと延床面積等に制限がかけられることになった。ただし、条例の制限内でも、それまでの由布院の一般的な旅館より大規模なものをつくることは十分可能で、比較的規模の大きな30室以上の旅館は80年代末から90年代初頭にかけてつくられている。客室数が最も多いホテル（97室）もこの時期に開業した。21世紀に入ってからは大きな旅館は新しく建設されておらず、2001年以降に開業した30室以上の宿泊施設は、すべて既存の宿泊施設の改築や屋号変更によるものである。

　80年代後半のさらにもう1つの流れとして、バブル期の巨大開発と同時進行で、明確に高級路線を意識した古民家風離れ形式の「小さな宿」が盆地内の各地に飛び火的に開業している。まちづくりのリーダーたちの宿から始まった独自の「小さな宿」戦略を継承する宿が盆地の各地に開業し、まちづくりの理念と戦略を継承する「由布院らしい」旅館が地域全体に拡散していくことになった。

　90年代後半になるとバブル崩壊と条例による制限によって旅館の巨大化は止み、ペンションブームも一段落する。それとともに、高級路線をとる「小さな宿」というトレンドが拡大していくことになる。これが、現在の由布院温泉の旅館のあり方を大きく規定している。90年代後半から、さらには

表 3・3　年代ごとの新規旅館の開業数（スタイル別）
（「1970 年代まで」の数は、1980 年時点での総数）

	温泉旅館	大型旅館	民宿	ペンション	古民家風または離れ形式の宿	ホテル	その他	不明	合計
1970 年代まで（〜 1980）	**15**	4	11	1	3	0	0	9	43
1980 年代（〜 1990）	**13**	1	2	**16**	5	1	1	0	39
1990 年代（〜 2000）	5	4	4	4	**13**	5	4	1	40
2000 年代（〜 2010）	3	2	2	0	**19**	3	2	1	32
2010 年代（2011 〜 2016）	1	3	0	0	3	1	1	0	9
合計	37	14	20	20	42	10	8	11	163

2001 年以降の新規開業旅館では古民家風あるいは離れ形式の旅館が主流となっていて、高級路線をとった「小さな宿」が温泉地全体に拡大している。その結果として由布院温泉は、ペンションだけが並んでいる高原観光地や、リゾート開発に突き進んで巨大旅館が乱立する観光地とは異なった歩みを進めることになった。これまで述べてきた年代ごとの新規開業旅館のスタイルの変化をまとめたものが表 3・3 である。

❖ 1980 年代末から 90 年代初頭に開業した 4 つの「小さな宿」

1980 年代後半から開業した初期の古民家風・離れ形式の宿のほとんどは、外部資本によるものではなく、地元関係者によるものである。大きな旅館を開業しようと外部資本が押し寄せていたバブル期に、それに対抗するかのように地域の人たちが「小さな宿」戦略を継承していった。まちづくりのリーダーが始めた古民家風・離れ形式の宿を温泉地全体に広げていく上で大きな意味を持ったのは、1987 年の S 旅館、88 年の W 旅館、92 年の M 旅館と KB 旅館の新規開業だった。4 つの宿のうち 3 つの宿（S、W、M）の開業者はいずれも地域内の他業種からの参入で、残りの 1 軒（KB）は既存旅館の別館として開業している。彼らはまちづくりを牽引したリーダーたちとの複層的な接点を持っていた。そうした交流を通じて先に述べた①〜⑨の特徴のすべて

を引き継いだ旅館を開業して、「小さな宿」戦略を発展させていくことになる。

　これらの宿が開業した経過を追うと、70年代からのまちづくり活動によってつくられた人々のつながりや、それに端を発する地域内での日常的な交わり、そしてリーダーたちの旅館のパブリックスペースでの交流や体感など、多様な形での分野横断的な「動的ネットワーク」が発生源になって「小さな宿」という戦略が地域内に伝播していることがわかる。そこで、これらの旅館の開業経過を順に詳しく考察してみたい。

・S旅館——古民家風を継承して、本格的な料理人を最初期に導入した宿

　まず、S旅館は由布院温泉の中心である湯の坪に接するエリアに1987年に開業している。創業者はまちづくりのリーダーたちよりひと回り若い。もともと農家で、淡水魚の養殖業も先代とともに営んでいた。まちづくりのリーダーのK旅館とは食材の納入業者として古くから付き合いがあったし、K旅館の庭が子供のころの遊び場でもあった。その後1970年代にまちづくり活動が本格化する中で、すでに1972年に飲食業を始めていた彼も近所ということもあって夜な夜なK旅館の敷地内にある喫茶店に出入りして、集まった人たちと由布院の将来について飽くことなく話をしていたという。

　K旅館のパブリックスペースとしてつくられたこの喫茶店は、「由布院らしさ」とは何かを伝えることを明確に意図してつくられていて、まちづくりの理念と戦略を伝える場として重要な役割を演じている。古民家風の設えにグレゴリオ聖歌が流れ、広い庭に植えられた雑木をゆっくり眺めることで、由布院の価値が「自然」と「静けさ」にあることを暗黙知レベルで体感できる場となっている。それとともに、夜にはまちづくりに関心を持った人たちが集い議論する場となり、ひとのつながりをつくる場でもあった。まちづくりに関係してきた地元の人たちはもちろん、音楽祭や映画祭のスタッフなども、梁山泊のごとくこの喫茶店に出入りした経験を共有している（図3・3）。

　こうしてS旅館の創業者は飲食業の延長線上に旅館業に参入した。旅館を始めた1980年代はペンションブームのころで、開業にあたってそうした選択肢も考慮したが、旅館の規模と収益性を考えた結果、高級路線をとる選択をしている。「K旅館とT旅館の良いところを取り入れる」ことを考えたとい

図3・3　まちづくりの拠点でもあったK旅館の喫茶室

う。由布院温泉の中心部に位置するこの旅館は自己所有の田地に建てられたため、先行の高級旅館と同じように周りに木を植えることによってまちの中心部の景観改善に貢献している。旅館の隣に親族が営む土産品店と飲食店を併設しているほか、旅館内部にも土産品店や飲食スペースがあり、こうした空間をパブリックに開放している。

　旅館開業後は、日観連会（日本観光旅館連盟大分県支部の由布院連絡会）の活動を通じて、新規参入の旅館経営者としてリーダーたちと直接交流することになった。この連絡会は日観連会、または二十日会とも呼ばれていて、旅館の親睦と研修を意図した組織であるが、まちづくりにおいてもさまざまな活動を生み出すユニットとなってきた。日観連会は旅館組合というヒエラルヒー型組織の中につくられた「横串」的つながりであり、動的ネットワークとしてコアな旅館メンバーの交流を深めて知識を循環させる場となっていた。

　基本的な活動として、20軒程度の旅館が参加しての定例食事会を月に1回各旅館の持ち回りで開催し、これが各旅館をオープンにしてお互いの手の内

と現状を見せ合う機会となった。また、年1回の視察旅行という実践の場があり、隔年で国内視察と海外視察を繰り返してきた。長ければ1週間を超える海外視察旅行では、「同じ釜の飯」を食いながら同じ共通体験をすることで、由布院の理念と戦略を旅館同士が共有する場が創り出されている。視察においては、各回のテーマを設定して視察先を選び、外部知識を積極的に摂取することはもちろん、視察の行程を自分たちで組むことで「自ら考える」という文化を共通体験によって養う場にもなっている。こうした経験を通じて得られた知見をもとに、S旅館は随時改築され、本格的な離れ風の宿としての体裁を整えていった。ここで取り上げているS、W、M、KB旅館はいずれもこの会のコアメンバーである。

　そして、S旅館が高級路線をとるために、特に力を入れたのが料理だった。もともと飲食業をやっていたので、当初は創業家内で料理もつくっていた。しかし、高級化に見合った料理を提供するためには専門の料理人が必要だと判断して、外部から招聘した。この時に紹介されたのがS氏であり、彼がその後「料理研究会」を立ち上げることになる。この活動が、農家との交流から「地消地産」を進めるためのイノベーションを起こすとともに、由布院温泉全体の料理のレベルを飛躍的に向上させていく発火点になることは実践例2で述べる。S旅館の現在の経営は創業者から次代へと引き継がれているが、後継者も現在のまちづくりの若手リーダーの1人としてイベントや各種の企画で積極的に活動している。

・W旅館──「高原」地区のパイオニア

　次に、W旅館の創業者は、もともと農業と山林経営を主業としていた。1970年代に観光協会が仕掛けた「椎茸狩り誘客」の受け入れ農家として先代が旅館関係者との接点を持った。この時期は、「明日の由布院を考える会」の活動時期と重なっている。椎茸狩りは、観光と結びつけることで農林業を活性化しようという戦略の最初期の取り組みだった。この取り組みは、想定以上の人気で椎茸が足りなくなったことと、生育時期をそろえることが難しかったために中止されたが、こうした実践活動によって旅館と農林事業者の協働の場が創られた。その後、まちづくり活動の揺籃期には、S旅館の創業者

と同世代だったW旅館の創業者もK旅館の喫茶店に足しげく通って夜会に参加していた。

　その後、小売業や造園業を経て、1988年に旅館を開業する。S旅館と同じく地域内の異業種からの参入だった。S旅館の創業者と同様にペンションの開業も検討したが、K旅館やT旅館という旅館を身近に見ていたことから、将来的な夢もあって旅館を開業したという。開業後は日観連会にも参加しながら順次改築を加え、全棟離れ形式の本格的な高級旅館へと成長していった[*3]。ここも高級旅館として料理にもこだわりが強く、自家製の農産物を主体としながら独自の料理を開発していった。土産品店とギャラリー（オープンスペース）をパブリック空間として併設していて、オリジナル商品の開発も手掛けている。

　W旅館の開業が持つもう1つの重要な意味は、盆地の北西斜面である「高原」地区に開業した初めての本格的な旅館だった点にある。旅館の敷地は自所有の土地だったが、第二種住居地域に指定されていたので、当初は旅館の開業は認められなかった。そのため、周辺住民との十分な話し合いや公聴会を経て、特例として開業することができた。こうした経過によって、周辺住民と旅館との調和を第一に考え、話し合いによる合意によって開発を進めるという由布院の「伝統」を踏襲することになった。

　その後、「高原」地域は1990年以降の新しい開発エリアの1つとなっている。高原地区に新たに建設された宿の多くは、W旅館に倣って低層の高級旅館であり、①から⑨の特徴を継承することで、由布院の理念を受け継ぐ旅館へと成長していった。また、W旅館の敷地のもともとの山相は針葉樹の植林地であったが、開業にあたって周辺林を伐採して、雑木に植え替えている。こうした特徴も周辺に広がり、独自の新しい景観を創り出している。高原地区は、近年旅館に加えて新たな文化施設も建設され、由布院の新しい魅力が形成されるエリアとなっている。

・M旅館──「小さな宿」をさらに発展させた鳥越地区のパイオニア

　まちづくりのリーダーたちの高級旅館が先行して創り出した由布院のイメージを最も強く引き継いだのがM旅館である。創業者は同じ大分県の日田

市出身で、若いころに由布院を訪れた際にK旅館とT旅館のあり方に大きな感銘を受けた。その後、毎週のようにK旅館の喫茶店に通って由布院が持っている精神と思想を体感したという。その後、由布院に移り住み、湯の坪地区で飲食店を開業して、自ら由布院の理念を継承するひとりとなった。飲食店での成功を受けて、異業種からの新規参入として、1992年に鳥越地区にM旅館を開業するに至っている。

　M旅館は、K旅館とT旅館の根底にある理念への大きなリスペクトと、それを自分なりに発展させたいというある種の対抗心から形づくられている。古民家風離れ形式の宿として、先行の2軒よりも大きな客室を設え、これらよりも高い料金設定をした最初の宿となった。また、周辺には多くの木を植えて、道路から旅館が見えないようにしている。さらに、先行旅館に倣ったパブリックスペースとして、土産品店、喫茶店、そば屋なども揃えている。宿泊客以外も利用可能なオープンなバーを併設した旅館は、由布院ではM旅館が最初だった。

　物産開発にも熱心で、ロールケーキ店、チョコレート店など温泉観光地の土産品の枠を超えた各種の個性的な店を自らの旅館周辺に配するだけではなく、盆地の中心部にもスピンオフによって開業している。また、隣地にある閉館中だった美術館の経営を引き継いで再開させ、飲食や物販と組み合わせることで新しい魅力を創り出した。

　由布院一の高級路線をとるM旅館は、料理へのこだわりも非常に強い。創業者と料理長は自らの旅館で提供される料理の質を高めるだけではなく、地産地消への強いこだわりと料理人の絶えざる向上心を由布院温泉全体へと広めていく上で大きな影響を及ぼしている。実践例2で考察する料理人相関図においてもM旅館の料理長とその下で育った料理人が主要な役割を果たしており、料理研究会への参加や、料理人の派遣などの多様な交流によって他旅館の板場スタッフや独立した飲食店とつながっている。こうした料理人の活発な交流が新規開業や新しい料理というイノベーションを生み出す源泉になっている。このように①から⑨の特徴をグレードアップして継承することで、M旅館は開業後すぐに「御三家」と言われる宿に成長した。

　特に、先に述べた通り⑨の「女将がいない」という特徴が「まちづくり」

の理念と独自のスタイルを引き継ぐ上で、強い動機づけとなっている。M旅館の創業者は、女将がかしずく従来の温泉旅館とはまったく異なったスタイルの、亭主の美意識と思想を核にした旅館を開業したいという思いをリーダーたちから継承している。彼は、まちづくりのリーダーから直接の教えを受けたわけではないし、イベントなどの活動への積極的な参加者だったわけではない。しかし、先行した2つの高級旅館のあり方を通じて由布院の思想と美意識を受け取り、それを自分の宿に反映させることをはっきりと意図していた。それは、「生活する場所」としての由布院の魅力を中心に据えて、自らの楽しい暮らしぶりによって客を遇し、独自のライフスタイルを提案できる宿だった。「由布院はお金を稼ぐ場所ではなく、暮らす場所だ」[*4]という明確な信念をインタビューの際に語っている。

　それだけに、M旅館の創業者は、自分たちの暮らしを守るために、それを経済活動によって裏づけることの重要性も十分に理解していたし、その手法を編み出す才能にも恵まれていた。「数字を追いながら夢を追ってきた」[*5]という言葉の通り、自らが飲食店や宿を起業して成功させてきたが、それだけではなく料理人や従業員を教育してスピンオフさせるとともに、地域内の若手をビジネスの面で支援するなど「起業風土」を育てることに積極的に取り組んだ。地域特性を経済活動と結びつけて保全するという由布院の戦略、つまり「地域経済」に裏打ちされたまちづくりという特徴がM旅館に引き継がれて発展することで、由布院のイノベーション環境がさらに強化されていくことになった。

　M旅館の開業のもう1つの大きな意味は、鳥越・佐土原地区における最初の本格的な旅館だった点にある。盆地の北東斜面にあたるこの地区にはかつて旅館の集積は見られなかった。実践例3で述べるように、「原宿化」によって賑やかになりすぎた盆地の中心部を避けて、この地域にはまず美術館やギャラリーが開業していた。そして、最初の本格的な旅館としてM旅館が開業したことによって、その後を追うように次々に旅館が新規開業している（表3・2）。しかも、M旅館に倣った古民家風・離れ形式の宿がもっとも多く集積している（表3・4）。現在では、旅館だけではなく、複数の美術館や博物館、飲食店なども混在して、自然と静けさと文化の香りという由布院の魅

表 3・4　古民家風または離れ形式の旅館の新規開業数（地区別）
（「1970 年代まで」の数は、1980 年時点での総数）

	新町	乙丸	田中市	湯の坪	津江	岳本	川南	佐土原・鳥越	高原	合計
1970 年代まで（〜1980）	0	0	0	2	1	0	0	0	0	3
1980 年代（〜1990）	1	1	0	0	0	2	0	0	1	5
1990 年代（〜2000）	0	0	0	0	0	5	2	3	2	12
2000 年代（〜2010）	2	0	1	1	2	1	1	**8**	3	19
2010 年代（2011〜2016）	0	0	0	0	0	1	0	0	2	3
合計	3	1	1	3	3	9	3	11	8	42

力を新たに発信する中心エリアとなっている。

・KB 旅館——由布院の価値を発信する拠点の 1 つ

　最後に、川南地区の KB 旅館は、現在も営まれているもともとの本館の旅館に加えて、1992 年に高価格帯の別館として新規に開業している。元の旅館の経営者は、まちづくりのリーダーたちと非常に近しい関係にあった。というよりも、ドイツ視察を決行した若手 3 人組の 1 人であり、まちづくりの理念を形づくった張本人でもある。しかし、初期のまちづくりを牽引したこの経営者は 1984 年に他界し、残された奥様がまちづくりの理念も継承して、支配人らとともに旅館を発展させてきた。彼女は女性経営者として観光協会等の重責を担い、由布院の思想を温泉地全体に広め、若手を育成する上でも大きな役割を担った。

　KB 旅館もまた、由布院を代表する旅館として①から⑨の特徴をすべて継承している。もともとの旅館に加えて、敷地内にはカテゴリーの違ったいくつかの形態の旅館が経営されているが、最高級価格帯に位置づけられている別館 KB をつくるにあたっては特に④の特徴を重視し、周辺部に木を植えることで緑豊かな景観を形成している。また、地元食材をつかった料理にも強いこだわりがあり、物産開発にも熱心に取り組んできた。

パブリックスペースとして、飲食店（現在は人手不足のために宿泊客のみに提供）、土産品販売所はもちろん、日帰り入浴施設を持ち、旅館を多くの人に開放している。特に、由布岳を正面に臨む露天風呂を有する日帰り入浴施設は、由布院を象徴する場所となっている。このまちを映像化する際には頻繁に利用され、由布岳のすそ野に広がる緑の景観と静けさに満ちた温泉地という由布院が持っている価値を内外に発信する拠点になっている。オープンであること、地元の素材や景観と一体化することで旅館の価値を高めていること、という点でも由布院を象徴する高級旅館の1つである。

　そして、この旅館の開業が川南地区の新規旅館にも大きな影響を与えている。川南地区にはそれ以前から旅館の集積がみられたが、「高原」「佐土原・鳥越」と同様に盆地の周辺斜面として開発の余地が残されていた。この地区に新規に開業した旅館もまた、KB旅館を範として由布院の旅館のスタイルを継承している。

3. 「小さな宿」戦略の拡がりと由布院温泉の競争力

　このように80年代末のバブル期における外資によるリゾート開発の大波と、「潤いのある町づくり条例」へと結実する外資への抵抗運動という騒乱の中で、それらと同時進行的にリーダーたちの理念と戦略を継承する旅館が由布院盆地の各地に飛び火的に開業していった。これらの旅館が①から⑨までの「由布院らしい」旅館のあり方を継承し、さらに発展させたことが、その後の由布院の旅館のスタイルを規定している。自然と景観を最大の魅力とし、地元の素材を大事にする由布院温泉の旅館のスタイルは、これらの旅館によって盆地全体へと拡大していくことになった。盆地の景観と調和し、地域の農業と結びついた旅館が地域全体に広がっていることがこの温泉地の独自性であり、他の温泉地とは差別化されたブランド力となっている。

　「地域環境」「地域社会」「地域経済」という3要素を結びつけるために生み出された「小さな宿」戦略に込められたまちづくりの理念と、それを経営していくための「知識」を暗黙知レベルから形式知へと変換しながら伝播させる場として大きな役割を演じたのが「動的ネットワーク」だった。まちづ

くりの活動を通じてつくられた多様なつながりとともに、旅館自体もまた動的ネットワークとして大きな役割を演じていた。リーダーたちの2軒の高級旅館は、旅館本体はもとよりパブリックスペースを通じて、その理念を暗黙知レベルで体感できるサービスや商品を提供してきた。旅館とその付帯施設では、日々の営業を通じて従業員である料理人や物産開発者、そして農家をはじめとする納入業者たちと旅館とのつながりがつくられ、由布院らしさを伝える場が生まれている。また、由布院のさまざまなイベントの会場となることで、地域内外の人をつなぐ場ともなった。さらには、旅館の枠を越えた経営者たちの日常的交流に加えて、板場レベルでも繰り返された絶えざる交流によって「由布院らしい」旅館というイノベーションが盆地全体へ、そして次世代へと広がった。こうした知識の交流によって、90年代以降に由布院らしさを体現する新興の旅館が数多く誕生している。

「小さな宿」戦略を、第2章で述べた知識創造のSECIプロセスと、そのための要件を使ってまとめると図3・4のようになる。

バブルが崩壊して以降は、観光客の質は大きく変化した。観光客の求めるものが多様化・高度化する中で、鉄筋コンクリート造の巨大温泉ビルや定番の宴会用料理などは好まれなくなっている。こうした変化に対応するように、旅館業界では大規模な旅館・ホテルは主流ではなくなり、中小規模の高級旅館が全国的にも増えている。また、旅先ではその土地のものを食べたいという観光客の欲求に応えようと、かつての画一的な会席料理風の「ごちそう」は鳴りを潜め、地産地消への取り組みも熱心に行われるようになった。そうした他地域での高級旅館路線、地産地消への取り組みのモデルの1つとなったのが由布院の旅館だった。由布院温泉では動的ネットワークによって独自の「まちづくり」の理念や戦略が共有され、こうした思想を体現した高級旅館が連続的に開業していった。「由布院らしさ」を核としたイノベーションが繰り返されたことで、全国的なトレンドに先行して高質の温泉旅館が盆地全体で形成されていった。地域特性を基盤としたイノベーションの連鎖によって由布院温泉の市場競争力が維持されているのである。

ただし、旅館の形式を模倣することは容易だが、その根本にある理念を継承することは難しい。小さな高級旅館を模倣することと、地域の特性を活か

Socialization＝共同化	Externalization＝表出化
・ドイツ旅行など初期段階でのリーダーたちの密接な関係による経験の共有 ・日々の旅館の営業を通じた暗黙知の共有 ・日観連会による旅館主どうしの共同体験	・「小さな宿」というコンセプト ・まちの生活環境と調和し、地域産品の売り場・加工場として「まちづくり」の戦略を表現する宿
Internalization＝内面化	Combination＝連結化
・料理人、物産開発者、納入業者による行動を通じた学習 ・旅館、オープンスペース、提供される商品やサービスを通じた由布院らしさの体感 ・日観連会や各種のイベントへの参加による学習	・「小さな宿」の経営手法の構築 ・高級旅館としての日々の営業、料理／産物などの商品の提供 ・由布院らしさを具体化した敷地内の飲食店、喫茶店、物販店等の営業 ・旅館を通じた各種イベントの事業化

SECIプロセスを駆動させるために必要とされた要件
・「小さな宿」戦略への各旅館創業者の主体的コミットメント
・旅館の垣根を越えたつながりや、農家など地域内関係業者とのつながり
・日々の「小さな宿」の経営を通じたリーダーシップと、「小さな宿」戦略を地域全体に広げていくリーダーシップ

図3・4　「小さな宿」に見られる知識創造のプロセスとそのための要件

した「小さな宿」という戦略を共有することには大きな違いがある。由布院温泉の旅館は現在もなお増え続けているが、宿の規模や外形だけではなく、そこに込められたまちづくりの理念と戦略がこれからも共有されるかどうかが今後の大きな課題である。

注
* 1 旅館の開業経過については、2016 年までの由布院温泉旅館組合の名簿をもとに調査を行った。そのため、旅館組合に非加盟の宿泊施設（現在 50 軒程度）については表に含めることができていない。また、由布院温泉地域を考察の対象としているため、湯布院町内にある湯平温泉地域および塚原温泉地域の宿泊施設についても除外している。

　　　調査対象の旅館について、開業年と組合への加入年がずれている場合には、開業年を必ずしも正確に反映していない。2016 年春に組合加盟宿泊施設を対象に行ったアンケート調査、およびその後のヒアリングで開業年が特定できたものについてはズレを修正している。また、同一の旅館であっても大規模改築が行われた場合、また屋号が変更された場合（多くの場合、経営主体が替わっている）には、新規開業として扱っている。そのため、二重にカウントされている旅館がいくつかある。それらについては必要に応じて本文で言及する。
* 2 中谷健太郎〔2006b〕p.80
* 3 熊本地震の影響で休業していたが、2019 年 2 月に新築し再開。
* 4 2007 年 9 月 9 日に筆者が生前の M 旅館創業者に行ったインタビューによる。
* 5 同上

【観光まちづくりの実践例2】
食と農のイノベーション

　この実践例では、「小さな宿」のスタイルと「地場野菜」という地域特性を土台として、旅館と料理人の組織を超えたつながり、さらには料理人と農家の分野を超えたつながりが、由布院の料理において多様なイノベーションを生んでいることを考察する。

　農業と観光の連携は由布院の観光まちづくりにおける大きなテーマになってきた。旅館が地元産品を使った料理や土産物の質を高めていくことは、旅館の魅力を高めるだけではなく、地域の農業を振興することによって地域経済と地域の景観を守っていくというまちづくりの要となる戦略でもあった。

　実践例1で述べたように、こうした戦略の実現のために由布院温泉では旅館のあり方が重要な役割を演じている。地域の産物の使用にこだわり、食のレベルを絶えず向上させていくために、地域産品の売り場、あるいは加工場として機能している旅館が「動的ネットワーク」の場になることで、日々の営業を通じて、料理人や物産開発者たちが「由布院らしさ」を体得していった。そして、そこから小さなお店が派生するというスピンオフによる新規開業が数多く起きている。ここではまず、この現象がどのような機能を持ち、そのことにより形成されるネットワークが地域にどのような影響を与えるのかについて考察を行う。

　そして次に、こうしたまちづくりの理念と戦略が、旅館を超えた料理人同士、さらには料理人と農家との交流を通じて、由布院全体へ波及していく過程を考察する。その中心に位置するのが「ゆふいん料理研究会」をはじめとする旅館の垣根を越えた料理人のつながりである。先行して由布院のイメー

ジをつくってきた2軒の旅館だけではなく、実践例1で述べた1990年前後に開業した旅館が、こうした活動の中心を担っている。それを源泉として「由布院らしさ」を追い求める料理が温泉地全体でダイナミックに発展していく様子を明らかにする。

1. 旅館からのスピンオフによる新規開業

❖ 「亀の子たわし会」について

由布院におけるスピンオフの事例として、まちづくりのリーダーであるN氏が経営するK旅館を中心とする「亀の子たわし会」について最初に見ていきたい。

まずK旅館の従業員がスピンオフして独立した企業の連絡親睦組織として2011年に「亀の子たわし会」が発足した。会の名称はK旅館の屋号の一部である「亀」の字を用い、亀からスピンオフした企業の集まりなので「亀の子」と称している。食べ物にまつわる事業を営み、現在由布院で独立して営業しているOB、OGの企業や個人事業主であることが加盟の条件である。この「亀の子たわし会」の加盟企業について表3・5に示す。

K旅館は由布院を代表する名旅館で常にまちづくりの中心となってきた宿であるが、由布院らしい料理や産品の開発においても他の旅館をリードしてきた。従来の旅館料理にこだわらず、由布院の素材を使った新しい料理のスタイルをつくり、地産地消にも熱心に取り組んできた。そして、この旅館で働く料理人や物産担当者に、積極的にスピンオフによる独立を勧めてきた。

N氏によると、まず旅館で

表3・5 「亀の子たわし会」加盟の企業と創業年（2013年現在）

種　類	企業名	創業年
親元企業	K旅館	1921年
飲食店	居酒屋N	1961年
食品製造・小売り	ジャム製造販売業K	1986年
飲食店	イタリアンレストランM	1992年
飲食店	親子丼専門店T	1992年
飲食店	食事処N	1994年
飲食店	食事処M	2002年
飲食店	串揚げ居酒屋T	2004年
飲食店	うどん専門店M	2010年
食品製造・卸	食品加工業B	2010年

出典：ヒアリング調査に基づき筆者作成

働く人材の中で、旅館内で一定の役割を担い続けることで成長する人材と、一定の経験を経た上でスピンオフするほうが成長する可能性のある人材を見極めるという。その上でそれぞれの時代を背景として観光需要を想定し、後者の人材に対して働きかけ、またそうした人材からの申し出により、双方で周到に準備をしてスピンオフを実施してきた。原則として自律性のある企業ないしは個人事業主としてのスピンオフであるが、親元企業内部の事業部が独立する場合には、スピンオフ後に以前と同様の数量を取引するケースもあった。

❖ スピンオフの4つの事例

「亀の子たわし会」に加盟する企業のうち4つの事例について詳しく見ていきたい。

① ジャム製造販売業K

K旅館は旅館の売店で販売できる独自産品の開発に努めてきた。中でも家庭の食卓で利用しやすい食品の開発に力を入れ、食の洋風化に合わせて、素材を吟味したジャムを多くの種類生産していた。ジャム製造販売業Kは、K旅館のジャム製造部門のスピンオフであったが、1986年の創業時においては、前述のように以前と同じ量を独立後にも取引し、K旅館はそれまでと同じ売場で販売できるように支援するなどして順調にすべり出すことができた。そして徐々に新規の商品開発によってアイテム数を増やし、独自の販売店舗や販路を持ち成長している。これは親元企業の一事業部門がスピンオフにより大きく成長した事例であるが、全国で多店舗展開する土産品店の進出が著しい由布院の土産品市場において、品質の良さとデザイン性の高さで差別化を図り、市場の中でも重要な位置を占めている。

② 親子丼専門店T

この親子丼専門店Tのオーナーは、もともと由布院を訪れた観光客であった。最初に訪れた時に由布院という地域を大変気に入り、定住することを決意した。由布院に移住してから、料理の腕を買われてK旅館で従業員食堂部

門を担当したが、K旅館のオーナーをはじめ多くの仲間から独立開業を勧められ、60歳を前にして1992年に独立して開業に至った。観光客向けの飲食店が多い由布院にあって、当初はおばんざい風の家庭料理メニューで人気を博していたが、今は昼食時の親子丼に絞って営業している。定住を決意した時点での開業も可能であったが、一旦K旅館に就職し、経営者らから由布院が持つ価値を明確に吸収し、地域の生産者との関係性を築いてから独立している。こうした経過から、地元産食材100％の親子丼というこだわりを貫くことができている。

③ 串揚げ居酒屋T

　串揚げ居酒屋Tのオーナーは K旅館の調理場で中堅の料理人として活躍していたが、30歳代の若さでスピンオフして2004年にこの店を開業した。開業に際して、由布院地域の他店との差別化を図るために、串揚げと魚料理を中心としたメニューを構成し、由布院の地元客をターゲットにして店舗を切り盛りしている。そうした地元客に交じって、1泊朝食付の宿に滞在する観光客や別荘利用者などもよく利用している。その後地域内で移転したが、カウンター主体の店であるため、地元客と観光客の会話が進むこともあり、交流の場としても機能している。

④ 食品加工業B

　K旅館には、宿泊部門の料理長と旅館に併設するパブリックなレストランの料理長の2名の料理長が存在する。後者の料理長が2010年にスピンオフしたのが食品加工業Bである。Bのオーナーは、料理長時代から地元農家と交流し地域内流通の拡大に努めてきた。その延長線上に、この企業では地元食材を中心に活用して、地域の旅館や飲食店向けの業務用の加工品や半製品を製造し、土産品も開発している。地元食材を飲食店が直接利用するだけではなく、調達と調理の間に新たな工程を加えることで付加価値を高める役割を担おうとしており、現在では独自ブランドも立ち上げている。料理長時代からK旅館の厨房で農家や多くの人々との交流や相互作用のあり方を深く学び、地元の素材を旅館や飲食店用の原材料用に加工するという新しいビジネ

スアイディアによって川上方向のスピンオフをしたユニークな事例である。

　こうしたスピンオフは、K旅館以外からも活発に行われている。T旅館からは、蕎麦屋、バーなどが派生している。また実践例1で取り上げた「由布院らしさ」を継承した宿は、積極的にスピンオフの供給源になるという特徴も引き継いでいる。S旅館からも料理人が独立し、そこからさらに新しい飲食店も生まれている。M旅館からのスピンオフは特に盛んに行われていて、板場からの独立も多い。こうした飲食店のスピンオフについては、次節で考察する。また、先述したように、M旅館からはロールケーキ店やチョコレート店など、これまでにはなかった由布院の新しい名物店も生み出されている。

❖ **スピンオフが生む、「まち」の魅力を楽しむ散策の拠点づくり**
　由布院地域のスピンオフの事例について見てきたが、まちづくりの中心となってきた旅館からの独立開業は「由布院らしさ」を地域全体に広げ、まちの賑わいを創り出す上で独自の意義を持っている。
　まちづくりのリーダーの旅館が、スピンオフという方法を積極的に進めてきたのは、親元企業の規模は拡大せずに、「まち」全体としての魅力を増大させるためだった。K旅館の経営者であるN氏が述べているように、「主役は宿屋ではなく地域」であるという考えから、「大きくなること（中略）を追いかけることをやめて、小さいままの豊かさを追いかけよう」*1とする由布院は、規模が小さいことの中に価値を見出し、そしてそれらが連携するということにこだわり続けてきた。
　実践例1で述べたように、由布院には宿泊施設の中にオープンな土産品店や飲食店が存在する。こうした施設は、顧客を旅館内に囲い込まずに、なるべくまちなかに出てもらうことを意図している。同時に、個人型観光が大半の由布院では、これらの店舗は宿泊施設の中に宿泊客以外の利用者が入ることを促すためのものでもある。まちの魅力を観光自体の競争力に転化しようとする由布院温泉にとって、まちなかを楽しく散策できるようにすることと、散策の際に立ち寄れる拠点をつくることがまず必要であったからである。
　ここで「亀の子たわし会」のスピンオフ企業の創業年を由布院全体の観光

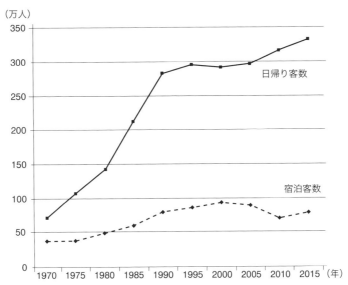

図3・5（図0・2の再掲） 由布院の観光客数の推移（1970年から2005年までは湯布院町としてのデータ、2010年および2015年は由布市としてのデータ。出典：『由布市観光動態調査』より作成）

客数の変化（図3・5）と合わせて見てみよう。これによると、1961年の居酒屋Nを除いて、創業年を大きく3つのまとまりとして捉えることができる。

まずジャム製造業Kが創業した頃の1985年は、宿泊客数が60.0万人、日帰客数が212.3万人に達したものの、まだ増加中の発展期である。この時期に、まちづくりの戦略を地域内に広げる第1弾として、スピンオフの先鞭がつけられている。

さらに、1990年代の前半に3軒の開業が見られる。1992年にイタリアンレストランMと親子丼専門店Tの2店舗が創業し、続いて1994年にもう1軒食事処Nがスピンオフしている。この頃の由布院温泉は、宿泊客数が86.1万人、日帰客数が295.0万人を数えており（1995年）、バブル経済がひと段落したこの頃に由布院は発展期から成熟期に差し掛かったということができよう。バブル期の外部資本の襲来を退けたこの時期に、由布院温泉の原点に立ち返って、散策して楽しいまちを意識した取り組みが始まっている。もともと地元にある施設や旧跡等に加えて、親元企業の外にスピンオフ企業をつくることで、散策や食事ができる拠点を増やすという機能が期待されていた。

第3章 「市場競争力」＝観光地としての成功をつくる　119

2000年代に入ると、食事処Mが2002年に、串揚げ居酒屋Tが2004年に開業している。この頃観光客数は横ばいで推移しており、成熟期を迎えた観光地として、さらに観光客の選択の幅を広げて需要に応えるべくスピンオフが行われている。うどん専門店Mと食品加工業Bが2010年に開業しているのも、新しい需要への対応と言える。

❖スピンオフによる新規開業と由布院の競争力
　1990年以前のマスツーリズムの最盛期に団体型観光を多く受け入れてきた観光地では、宿泊施設を大型化しその中に土産品店や飲食店を設けて囲い込みを続けてきた。その結果、宿泊施設は売上げを極大化させる一方で、反面温泉街の土産品店や飲食店は寂れてしまい、観光地全体の魅力は大きく減じることが多かった。バブル期以降に団体型観光から個人型観光へとシフトする時代背景の中で、「まち」としての機能を失ってしまった観光地の衰退傾向はより顕著なものとなり、同じ地域の中での施設間競争も激化していった。そうした同じ時代に由布院では、地域の中にライバルではなく仲間を増やすことで観光客の回遊性を高め、スピンオフ企業と親元企業とが並走しながら散策のネットワークを形成し、観光客の需要に地域全体で応えてきたのである。
　実は由布院には、伝統的な温泉地と異なり、湯治場らしい温泉街というものは存在せず、散策の際に立ち寄れる拠点をつくる営みを続けてきた。スピンオフによる拠点づくりの成果は、全国の5温泉地におけるまちなかの滞在時間を比較した調査において、由布院は最長の28.6時間（滞在1回あたり）を数えることとなったことにも表れている[*2]。
　観光の需要はそれぞれの時代を背景として変化するものであり、その需要を先取りしあるいは地域からライフスタイルを提案し続けていくためには、常に新しいモノやコトをつくり続けなければならない。そうした時、既存の企業の努力も重要であるが、起業家精神あふれるスピンオフ企業により新たな市場や商品が開拓され、地域内に協力のネットワーク関係が広まることで、地域全体としてのイノベーションは進展することができる。加えて、まったく新規に開業する場合に比べて、スピンオフの場合には起業のハードルは下

がる傾向があり、「亀の子たわし会」のメンバーのように仲間で意見交換や相談ができる関係性は重要である。また親元企業にとって、固定費の中での人件費の削減効果は大きく、その分観光需要に応じて事業を組み直すチャンスも生まれ、滞在客に対して新たな地域の魅力を紹介できる先を増やすことができるというメリットも存在する。

2. 由布院料理の発展過程

　実践例1で述べたように、由布院の旅館の質を高めてきた重要な要素の1つは、地産地消にこだわった独自の料理である。いわゆる「会席風」の旅館料理ではなく、由布院の素材を活かした独創的な料理は、この温泉地の名を高めてきた。由布院が温泉地として有名になったのは40年ほど前からであり、後発の温泉地で歴史や伝統という重圧を感じにくい分、由布院の料理は、通常の温泉観光地の「旅館料理」とは異なる形成過程をたどってきた。しかし、こうした地産地消の質の高い料理は当初、実践例1で触れた2つの高級旅館が中心となって提供していたもので、由布院温泉全体の特徴とは必ずしも言えなかった。由布院温泉の多くの旅館が地産地消を明確に意識し、料理の質を飛躍的に向上させてきたのはこの20年ほどのことである。その中心に位置していたのが「ゆふいん料理研究会」だった。

❖「旅館料理」とは異なった由布院の料理

　国内の一般的な温泉観光地の場合、1泊2食という宿泊形態が基本となっている。宿泊と食事はそもそも別個のサービスであり、セットでサービスを提供する我が国の旅館のほうが世界の中では異色の存在である。ただ、ご馳走、上げ膳据え膳というような言葉に象徴されるように、旅館に宿泊することの中で食事は最大の楽しみとされてきた。団体型の旅館料理でも、季節感を演出し、地元の特産品をなるべく用意することで、他の地域や旅館との差別化が図られてきた。しかし、たとえば満員の大型バスを1台、2台と受け入れるとすれば、約40名、80名の宿泊客に同じ料理を同じタイミングで提供しなければならない。そのためには、同じ規格の食材を人数分揃えることから

始まり、同時に食事を開始するため、料理の冷たさや熱さをある程度犠牲にしつつ、あらかじめ料理を配膳しておく必要もある。多種多様な食材を地元で大量に調達することは難しく、地物を使わずに他所の大産地の食材に依存することも多い[*3]。ただし、食材の外部依存は旅館側の事情によるものだけではなく、地元の農業も大規模単作の場合が多いため、旅館が必要とする種類の食材を提供することが難しいことも大きな理由となっている。

　ところが、由布院の多くの旅館は、「小さな宿」であることを選択したために、いわゆる「旅館料理」と異なる料理のスタイルが可能であった。主に個人もしくは小グループの宿泊客を迎えるため、たとえば、先に配膳されている料理はほとんどなく、最初は箸置きと箸だけが席に用意されていることも多い。全員に同じ食事を同じタイミングで提供する必要はなく、顧客それぞれの食事の進み具合に応じて、冷たいものは冷たいうちに、熱いものは熱いうちにと供されている。そして、小さな旅館であることで、地元産の小ロットの食材を使うことが可能になる。施設の規模が小さいと、その日の食材を見てからメニューを構成できるほどに小回りが利き、また個人型観光では客単価が安定しているため、食材調達に一定の金額をかけることができる。一般的な団体旅行に比べて1人当たりの宿泊単価が高い分、提供される料理には工夫を凝らしやすい側面もあり、顧客への訴求力も大きい[*4]。

　また、旅館の規模は料理人の関係性にも影響を与える。団体客を中心として営業している旅館では、大量の料理をつくるために「親方」からの縦の命令によって動く多くの料理人が必要であり、料理人の採用にあたっては、調理師会等の組織に料理人の紹介を依存することになる。このため、旅館の経営者とは異なった人的なコネクションと指揮命令系統を持った板場が形成されることになる。かつてほどではないものの、板場が経営者の言うことをきかない、時には経営者と反目しあっているということも珍しくない。これに対して各旅館の料理人の数が少ない由布院では、料理人が横につながり、活発な交流が行われてきた。

　このように、由布院のまちと調和した「小さな宿」であることが、料理の提供方法や食材、料理人のあり方をまず大きく規定している。

❖「ゆふいん料理研究会」の前身となった勉強会の発足

　由布院温泉全体での料理の発展の核となっている「ゆふいん料理研究会」が発足した契機は、実践例1で述べたS旅館の開業だった。この旅館が高級志向にふさわしい料理を提供するために、後に料理研究会代表となるS氏を招聘した。由布院で仕事を始めた料理長S氏は、K旅館、T旅館などの数軒の旅館以外では珍しかった本格的な料理人であり、小規模旅館のオーナーシェフたちから料理についての教えを請われることになった。彼らは旅館の若手後継者ではあったが、違う職業を経て由布院に戻ってきたため、調理を担当するのに苦労していた。先代らが築いてきたそれぞれの旅館の料理の系譜はあるものの、移り変わる時代の中で大きな壁に当たっていた。

　そうした中1996年に、S旅館の創業者が縁戚関係にあった旅館の後継者にS氏を紹介し、地域の料理人や脱サラで旅館を開業した人などを含めた4人とS氏で「ゆふいん料理研究会」の前身となる勉強会は始まった。5人は月に1～2回、仕事が終わる22時頃に集まり、包丁の研ぎ方、出汁の取り方、かつら剥き等から始まって、すぐに調理場で実践できる小鉢、お造り、鍋、飾り包丁等も習い、同時にまちづくりの話も深めていった。この勉強会を5年ほど続けて4人は腕を磨いていった。この間に、さらに仲間が2名増えた。

❖地産地消から地消地産による農家との連携

　この勉強会を主宰するS氏が、会の境界をオープンにして仲間を増やしていったのには理由があった。1993年に由布院に拠点を移したS氏は、由布院の観光まちづくりのリーダーであるN氏と交流するうちに、まちづくりの理念を吸収し、由布院産の野菜を柱にして料理を構成したいと考えるようになった。そこで旅館で使いたい野菜を栽培してくれるよう農家を訪ね歩いたが、前述したように農業が盛んな地域ではないため断られていた。そうした中E農園には2歳年下の農業後継者がいたため、彼の両親も含めて説得し、旅館で使いたい野菜を少しずつつくってもらえることとなった。契約栽培ではないものの、依頼した以上収穫されたものを使う必要があり、地場野菜を使う旅館仲間を増やしたかったのが理由である。一定の技術を習得したオーナーシェフたちは、次のステージとして地場野菜の新たな調理法に取り組み、さ

らに勉強会は深化していった。由布院の野菜は決して高価な食材ではないものの、朝採れの新鮮な野菜は何よりの価値を持ち、Ｓ氏らの取り組みは世間から高く評価された。

　実は、「地産地消」の取り組みの1つとして、過去にも観光協会等が中心となって、地元の農家がつくる農作物を積極的に使おうというマッチングの機会が幾度かあった。しかし、時期ごとに同じ作物ばかりが揃ったり、品質の良くないものが混じっていたりということがしばしばあった。地産地消の推進は由布院のまちづくりの核となる活動であり、継続的に農家との連携が試みられていたが、逆に地元で採れたものであればこそ、地産地消には種類や品質を問いにくい側面が内在していた。これに対して、今回は旅館で使いたい作物をつくってもらう、いわば流通の川下からのアプローチであり、地域で消費したいものを地域で生産するという取り組みであることから、「地消地産」*5 の取り組みであると言うことができよう。

　その後、Ｅ農園はアイディア豊かな嫁を迎え、取り組みはさらに進化した。月ごとにこれからできる作物を一覧表にして旅館に配り、料理人が先の献立を立てやすいようにした。また以前は電話で注文を受けていたが、現在は主にLINEで注文を受けるようになった。夕食の片付けが終わったころから各旅館の厨房から注文がLINEで入り、それを翌早朝に整理し、家族で手分けして朝から収穫して、それを旅館別に仕分けして午前中に配達するという仕組みである。Ｅ農園は山間地で農業を営んでいるが、年々耕作面積を拡大しており、120以上の品目と一定のロットを確保できるよう努めてきた。ただ農業はやはり天候に左右されることが多く、また旅館や飲食店は客数の増減を繰り返すため、旅館に直接配達するだけでなく、安定的な売り場として、地元のスーパーマーケット2か所に仲間と直売コーナーを設けている。そこには地元住民に交じって、各旅館の料理人が買いつけに訪れることも多い。

　このように、由布院の各旅館に伝わる地場野菜へのこだわりは、旅館の規模が小さく、その日に採れた多品種の野菜を小ロットで消費することができ、かつ食材をみてからその日の献立を発想できるほどのスキルがあることで、はじめて可能になっているのである。

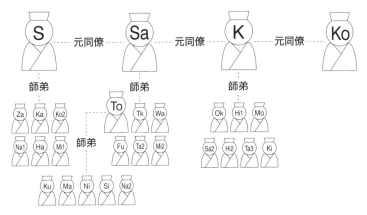

図3・6　ゆふいん料理研究会メンバーの同僚・師弟関係（ヒアリング調査に基づき筆者作成）

❖旅館の垣根を越えて厨房をつなぐ横の連携

　勉強会を主宰していたS氏は、次の取り組みとして1997年頃から他の旅館の料理長に呼びかけ、毎月1回の料理研究会を開催していった。これが「ゆふいん料理研究会」である。こうした呼びかけがしやすい要因として、そもそも料理長同士が元同僚や師弟としての関係性を持っていたことが大きかった。

　料理研究会代表となったS氏と、由布院温泉内の旅館料理長のSa、K、Koの各氏は、1990年代に大分市の大型ホテルの立ち上げの際に同僚であった。図3・6は、そのメンバーが由布院で再会し、各料理長から弟子が育っていることを示している。たとえば、Sa氏の弟子であるTo氏は若いころから頭角を現し、早い段階から次世代の多くの弟子を育ててきた。由布院の料理人の系譜はS氏を中心として、同世代で元同僚のSa、K、Ko氏らに始まる樹状図として明確なつながりを描くことができ、これが多様に分岐・交錯しながら次世代が育成され、かつ世代を超えた交流が行われている。

　料理研究会は、毎月季節を先取りしたテーマを設定し、由布院の野菜を用いながら、各料理長が試作品を持ち寄る仕組みである。そして互いのレシピを公開し、さらにどのような意図や工夫があるのかについて意見交換していった。この研究会には料理長だけでなく、各旅館の若手料理人も参加することができたため、日頃は自分の料理長の仕事ぶりを見るだけの若手料理人も、

異なる系譜の料理を見て試食することができる。さらには、機会をつくって他所の先進的な地域や店に度々研修に出向くなど、モチベーションの高い若手料理人にとってはまたとない学びの場となっていた。また、地域住民たちの自主的な河川清掃においても料理研究会チームとして参加することで、由布院のまちづくりの理念を学ぶ場にもなっていた。

　こうした料理人のネットワークは、由布院において旅館の枠を超えた多様なつながりと交流を生み出している。たとえば、H旅館の料理長は初代のKo氏からSa氏に引き継がれ、その後To氏が料理長となった。このTo氏も今は旅館の料理長を辞して、弟子とともに由布院に焼鳥専門店を出店した。Sa氏の弟子たちには、由布院の他の旅館の料理人になっている者が4名いる。

　またK氏は、実践例1で述べたM旅館の料理長を長年にわたって務めているが、その弟子たち7名を見ると、その後由布院を代表するT旅館の料理人を務めた者が2名いて、そのうちの1名は湯布院町内で独立している。また、2名が由布院の別の旅館の料理人を務めていて、1名は他の温泉地で料理人になっている。他の2名はそれぞれ大分市と湯布院町内で独立開業した。この湯布院町内で開業した飲食店は由布院の新しい名物を開発して、地域内に支店を展開する人気飲食店となっている。

　このように料理研究会に見られる料理人のネットワークを通じて、実践例1で取り上げた高級旅館の料理人が絶えず移動することで各旅館の料理の質を高めている。また、こうした経験を積んだ料理人が高級路線を目指して新たに開業した旅館の料理担当者となる例も多い。そして、修行した人たちが活発にスピンオフすることによって滞在型観光地を目指す由布院温泉全体の食の多様性が広がっている。こうしたイノベーションの連鎖によって、温泉地全体の料理の質が飛躍的に向上し、まちの中にさまざまな飲食店が増えていくことになった。

　一般的に、いずれは自分の店を持ちたいというモチベーションの高い若手料理人は着実に成長するものであり、料理研究会は旅館を超えた料理人の交流によって確実に腕を上げる実践の場をつくるとともに、そうしたメンバーの独立をサポートしてきた。S氏は、こうした独立開業を積極的に若手料理人に勧め、その後押しをするとともに、自身も由布院地域において新規の飲

図3・7　湯布院映画祭のパーティーにおける料理研究会の活躍

食店を開業して「由布院らしさ」を表現できる料理人を生み出し続けている。S氏自身の経験を踏まえて、「いわゆる脱サラは片道きっぷの独立だが、料理人は失敗すれば戻って来ればよく、往復きっぷの独立だから大丈夫」と奨励することで、由布院温泉のイノベーション環境をさらに豊かにしている。

❖ イベントにおける経験値の積み上げ

　2000年頃から、日本最古の映画祭である湯布院映画祭のパーティーのうち、当初は初日、現在ではフィナーレの料理を料理研究会が担当している。これは料理研究会加盟の数十軒の旅館で献立を分担し、70人以上の料理人がその場で調理しもてなすものである。映画祭のパーティー参加者の反応はすこぶる良い。日頃は裏方仕事である料理の世界において、年に一度表舞台に立って直接顧客の反応や感想が聞けること、また装飾や演出を含めて華やかなパーティー料理を学べることは、料理長クラス、若手料理人それぞれにとって、貴重な経験値の積み上げの場となっている（図3・7）。

❖ 「ゆふいんラボラトリー」の誕生

　上記の湯布院映画祭のパーティーが2009年に行われた際、料理研究会代表S氏が、若手メンバーの4名を呼び出し、料理内容に関して厳しく指摘した。そこで奮い立ったこの4人が、料理研究会の若手組織「ゆふいんラボラトリー（ゆふラボ）」を立ち上げた。その後他のメンバーも加わり、若手料理長クラス15名チームで、毎月1回独自に研究会を開催していった。この研究会の方法は料理研究会本体とほぼ同じであるが、料理長クラスだけで集まって若手料理人を連れて行かないこと、毎回投票して優勝者を決めることは本体の料理研究会と異なっている。また毎回の参加者の料理写真とレシピは、LINEのグループに保存され、共有されている。この動きは3～4年続いて小休止の状態となったが、2016年のヒアリングでは近々再開したいとのことであった。

3. 「由布院らしい」料理の発展過程と知識創造のプロセス

❖ 「由布院らしい」料理の形成

　このように、旅館、料理人、さらには農家にまで広がる組織や分野を超えたつながりの中で、由布院の食材と料理はこの20年間で大きな発展を遂げてきた。料理人S、Sa、K、Koの各氏を中心として1990年代後半から始まった多様な料理人の交流により、由布院の食材にこだわった料理自体の質が上がるとともに、それが地域の多くの旅館に広がってきた。そして、現在もなお地域内での多様な料理店のスピンオフによってまちの賑わいを発展させている。由布院盆地に合った「小さな宿」と、地場野菜への強いこだわりという地域特性を土台として、料理の内容はもちろん、料理の提供スタイル、レストラン等の外部への開かれ方、地場野菜の生産・提供方法にまで及ぶ多様なイノベーションが引き起こされてきた。

　由布院には誰もが思い浮かべる名物料理や土産物はほとんど存在していない。地域の産物にこだわり、料理の質を高めることで、「地域経済」「地域環境」「地域社会」の3要素の結びつきを強化し、それによって「由布院らしい」料

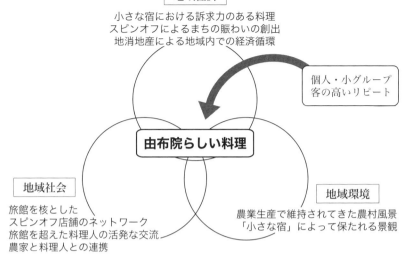

図3・8　由布院の食と農に見られる3要素の結びつき

理や加工品を追求してきた。「名物がないから、由布院の野菜にこだわればどんな料理でもつくれるし、それを学ぶ場も由布院にはたくさんある」*6 という料理人の言葉が、こうしたまちづくりの姿勢を端的に表している（図3・8）。

❖料理の発展における知識創造のプロセス

前節で述べた由布院の料理の発展過程をSECIプロセスによって考察すると以下のようになる（図3・9）。

まず共同化について、1996年から料理長S氏とオーナーシェフたちは頻繁に夜間の勉強会を開催したが、これはS氏が培ってきた料理の技術を異業種を経て地域に戻ってきたオーナーシェフに技能として伝え、またその取り組みの中で由布院らしい料理を着想する芽を育てるための共体験であった。体験を共有することの価値に気づいたS氏は、1997年から各旅館に呼びかけてゆふいん料理研究会を毎月開催した。各料理長にはそれぞれに培ってきた技術があるが、あるテーマに沿って競作した場合、お互いの着想や工夫を共有することとなる。そうした場を繰り返す中で、暗黙知の共有が進められた。

次に表出化について、通常地域における旅館同士はライバル視されること

Socialization＝共同化	Externalization＝表出化
・オーナーシェフの勉強会実施 ・ゆふいん料理研究会の開催	・新しい料理のコンセプトづくり ・「地消地産」による地元野菜の活用法の開発 ・新しい料理研究会（ゆふいんラボラトリー）というアイディア
Internalization＝内面化	Combination＝連結化
・研究会への参加による学習 ・研究会主催のイベント（湯布院映画祭でのパーティー等）への料理担当者としての参加による学習 ・レシピの共有化による追体験	・研究会の組織化、研究会によるイベントの組織化 ・新しい料理のレシピ化 ・「小さな宿」の料理実践、顧客への提供

SECIプロセスを駆動させるために必要とされた要件
・勉強会や「料理研究会」への料理人たちの主体的なコミットメント
・旅館を超えた料理人の交流や農家との交流
・料理研究会を主導し、旅館の垣根を超えて料理人を巻き込んでいくリーダーシップ

図3・9「由布院らしい」料理の発展に見られる知識創造のプロセスとそのための要件

が多いが、元来由布院の旅館オーナー同士は仲間意識が強く仲が良い。その雰囲気が各旅館の料理長同士にも共有されており、小さな宿ならではの個人客向けの料理が旅館同士で切磋琢磨しながら実践されていった。またそこには前述したE農園などの地元野菜も活用され、いくつかの段階を経て多様な「由布院らしい」料理のコンセプトが生み出されていった。

連結化については、そうした由布院らしい料理のコンセプトが料理研究会の中で具体化され、実際の旅館の料理として観光客に提供されてきた。また、レシピを形式知化して蓄積することによって、季節ごとの由布院の地場産品に合わせた料理のあり方が整理・体系化されている。こうした「由布院らしい」料理の広がりは、由布院の旅館が選ばれる大きな要因になっている。同時に由布院の料理人たちが湯布院映画祭のパーティー料理を担当することで、

従来裏方仕事であった彼らの仕事は映画祭関係者から広く世間一般に認められることとなった。

最後に内面化について、料理研究会に参加することによって、由布院の料理人たちは「由布院らしい」料理とは何かを学び、地域の食材にこだわった、「小さな宿」だからこそ提供できる料理のあり方を学んでいる。また、研究会やイベントの際には、若手の料理人が日ごろ叩き込まれているものとは異なる他の旅館の料理を実際に見ることができ、また同世代の仲間と触れ合い意見交換することもできる。

こうした知識創造のサイクルは、次の新しいサイクルを生み出していく。由布院の料理を学んだ次世代の中から頭角を現したメンバーが「ゆふいんラボラトリー」をつくり、刺激しあいながらそれぞれの個性を活かしたオリジナルメニューを蓄積していった。また次世代の成長によって、料理長の中には後進に道を譲り、人生の次のステージとしてスピンオフし、一国一城の主として独立を果たす事例も数多く発生している。

❖由布院の料理のあり方と地域内での経済循環

地域の産物にこだわった由布院の料理のあり方が、地域経済にどのように影響を与えるのかについて、具体的に考えてみたい。たとえば、温泉地の施設の中には数百室の収容力を誇るものも多い。一般的にこうした規模になれば、食材の調達1つにしても、規格を揃え、数を確保することが最大の課題となる。そうした場合に近隣に食材の産地があれば利用することができるかもしれないが、多くは市場や独自の調達ルートから仕入れることとなる。また、こうした大規模施設が受け入れる団体型観光の場合、宿泊単価は安く抑えられる傾向が強いため、仕入れの際に単価をいかに安くしていくかが次の課題となる。

一方、由布院では、「小さな宿」戦略をとることで、こうした課題に直面することがなかった。むしろ、地域の食材に合わせて料理をつくり、その質と料金を高めることを進めてきた。1997年から各宿泊施設の料理長らの自主的な勉強会である「ゆふいん料理研究会」が組織され、地場食材をいかに活用するかというテーマを持ち、旅館に卸す少量多品種生産に特化した農家

表 3・6　由布院の宿泊施設における食材調達率の割合

区分	旧湯布院町内	旧湯布院町以外の由布市内	由布市外
割合	48%	5%	47%

出典：由布院温泉観光協会〔2006〕『観光環境容量・産業連関分析調査及び地域由来型観光モデル事業報告書』

表 3・7　由布院の観光関連産業による経済波及効果

区分	旧湯布院町内	旧湯布院町以外の由布市内	由布市外
乗数	2.102	2.164	2.783

出典：由布院温泉観光協会〔2006〕『観光環境容量・産業連関分析調査及び地域由来型観光モデル事業報告書』

も現れてきたことは先述した通りである。先にとりあげた E 農園の場合は、従来米とほうれん草が主要作物であったのに対して、現在少量多品種の野菜を生産し、多くを由布院の旅館に供給している。産地形成された大規模農業地域でなくても、あるいはそうでないからこそ、地域の農業と観光業が連携できるきっかけがあったとも言える。ただ、後に述べるように農業の後継者不足と農地の保全が喫緊の課題であることは、由布院も他地域と同様である。

　2006 年の調査によれば、由布院温泉の宿泊施設 39 施設に尋ねたところ、表 3・6 のように 5 割近くの食材を旧湯布院町内から調達していることがわかった。また観光関連産業による経済波及効果を川下から計測し 5 段階まで算出したところ表 3・7 のような結果となった。

　積極的に地場のものを使おうという試みは、こうして地元からの調達率を高め、結果として経済波及効果の乗数を高めることに寄与してきた。旅館の規模が小さいということが地域の産業間のネットワークをより太くし、地域の経済波及効果を押し上げるという一定の成果を上げてきたということができる。

❖地域を支える農業の現状

　ただし、こうしたまちづくりの経過にも関わらず、国内の農業が低迷する中で由布院の農業もまた大きな課題を抱えている。旧湯布院町時代の統計が残る市町村合併前年の 2004 年とその 20 年前の 1984 年を大分県市町村民所得統計で比較すると、1984 年の第 1 次産業総生産額 15 億 2600 万円に対して、

表3・8 小布施町と旧湯布院町の産業構成比の比較（従業者数比 1次：2次：3次）

年	小布施町	旧湯布院町
1975	35：31：34	27：13：60
2005	24：28：48	7：8：85

出典：総務省統計局『平成22年国勢調査』

図3・10　観光と組み合わせた6次産業化の新しい方向性

2004年には8億2100万円まで減少している。この減少傾向はその後も続いており、現在の由布院は農業が盛んな地域であるとは実は言いがたい。

　旧湯布院町の産業構造のうち、産業別の従業者数を比較してみた場合、第1次産業、第2次産業に比べて、第3次産業の従業者数の比率が大きく増加しており、このことを人口規模が同規模であり長年交流のある長野県小布施町と比較したものが表3・8である。小布施町が果樹を中心とした農業と、菓子製造業や酒造業、そして観光業をバランスよく保ってきたのに対して、湯布院町では30年間で第3次産業の比率が25ポイント増加して、全体の85％を占めるほどに突出している。

　このことは観光業などのサービス業が由布院の主産業であることの証左ではあるが、一方で持続可能な地域の発展を考えれば、新たな地域内の産業創出や産業間の連関の仕組みを考えていかなければならない段階にあると言える。

　その点で、由布院のまちづくりの経験は、現在全国で取り組まれている6次産業化のプロセスにも大きな示唆を与えると考えられる。一般的に、農業（1次）と地元産品の加工（2次）や流通や観光（3次）との組み合わせは、図3・10の左図のような流れであるが、由布院では地域にある観光の市場を活かして、食品加工業等のものづくり産業を興して育成し、そしてそのため

の原材料を地元で調達するために作物を栽培するという図3・10の右図のような逆アプローチの6次産業化を目指している。まちづくりのリーダーたちが追い求めた観光と農業との相互発展の戦略はこうした関係づくりであったが、いくつかの旅館だけでこれを行うことは容易ではなかった。リーダーたちの旅館を超えて、農業と旅館・料理人がつながりをつくり始めたのは、それほど古いことではない。この間に、市町村合併をめぐる町内の混乱などもあって、農家と観光の本格的な「つながり」づくりは今後の課題として先送りされ続けている。しかし、まちづくりの過程においてつくられた動的ネットワークによってまちづくりの戦略が由布院温泉全体に広がることで、地域全体で農業と観光との新しい連携づくりが可能な段階にきている。先にとりあげた旅館用の食品加工業Bはそうした動きの先頭に立っており、またスピンオフ企業や旅館の調理場で始まっている次世代の台頭にも大いに期待したい。

注
* 1　前文も含めた引用部分、中谷健太郎〔2001〕p.28
* 2　阿寒湖温泉、草津温泉、鳥羽温泉、有馬温泉、由布院温泉の5温泉地と財団法人日本交通公社で構成される「温泉まちづくり研究会」の2008年度調査による。
* 3　また昨今食品の加工・保存技術が進化し、食の二次製品化とでもいうべき、便利で多彩な業務用加工食品が増えてきていることもここで付記しておきたい。二次製品とは元来工業用語であり、特に建設業界で現場でコンクリートを打設せず、省力化のために用いる出来合いのコンクリート製品等を二次製品と呼んでいる。ここでは厨房において、省力化のために用いる業務用加工食品に二次製品の概念を援用した。
* 4　料理研究家の土井善晴は、高級レストランや料亭での作る人と食べる人の関係について、シェフが料理を通じてインスピレーションや見た目の豊かさや美しさ等を提供し、客が珍しい食体験や豊かな気持ち等を受け取るという構図を示している（土井善晴〔2016〕pp.93-96）。本来、レストランや料亭をはじめ、一般的な飲食店においても、初めから料理が並んでいる光景を見ることはあまりなく、今日までのいわゆる団体型観光やマスツーリズムで歪められてきた観光の食のあり方を見直す必要があるだろう。その上で、地域性や伝統なども踏まえれば、観光における食、料理の持つ可能性や進化の度合いはまだまだ無限である。
* 5　「地消地産」という概念は、近年各地で散見されるようになった。中島恵理は、長野県富士見町の取り組みの中で地消地産を、提供している食事に必要な素材を地域で生産されているものに置き替えていこうとする実需者側（飲食店等）のニーズに供給者（生産者）側が応える方向で地域産品を利用拡大していくことと定義した（中島恵理〔2017〕p.193）。澤永貢子は、富山県氷見市の取り組みの中で、生産される農産物等の種類は多いものの、数量的に大規模な消費に対応できるほどの量が確保できていないものが多いことから、消費に合わせた計画を立てる必要があり、これを地消地産と称している（澤永貢子〔2009〕p.6）。またスイス・ツェルマット在住の「観光カリスマ」山田桂一郎氏も「地消地産」の概念を提唱している。
* 6　2016年に筆者が行ったヒアリングによる。

・本稿は、米田誠司〔2013〕、および米田誠司、大澤健〔2017〕に加筆修正を施したものである。

【観光まちづくりの実践例3】
由布院における
アート・ムーブメントと景観形成

　1975年から始まったゆふいん音楽祭や翌年からの湯布院映画祭によって名を広めて以来、「文化」や「芸術」は由布院のまちづくりを語る時の枕詞としてしばしば用いられてきた。実際、由布院のまちづくりにおいてこれらは重要な位置を占めている。大正期から別府温泉が「温泉観光地」として発展する中で、その隣にあって俗化されない魅力を残していた由布院は、時に桃源郷と称えられた。戦前からその鄙びた佇まいと美しい自然環境は多くの文人や画家などの芸術家によって愛されてきた。

　由布院のまちづくりにおける文化・芸術の意味は、こうした歴史の延長線上にある。文化人が愛する自然や景観こそが由布院の最大の財産であり、それを守ることがまちづくりの最大の課題であった。ただし、第1章で述べたように、自然や景観を守るためには「地域経済」と「地域社会」との結びつきが必要とされる。由布院における「文化のまち」づくりは、1970年代から始まるまちづくりの過程と結びついており、文化や芸術もまた、「地域環境」と「地域経済」と「地域社会」という3要素を結びつける戦略の中に位置づけられていた。

　それゆえ、その取り組みは、文化や芸術の力によって
①まちの景観を美しく保つ
②観光に限らず、地域内の産業の付加価値を高める
③地域内外の人々を結びつける
という3つの意味を持っている。地域の景観を守るためには、こうした文化的・美的な価値観を共有する必要があるが、それに加えて、地域の文化レベ

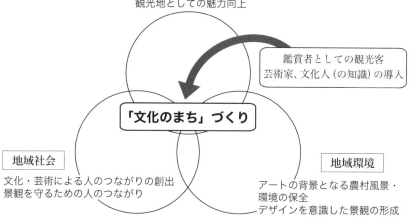

図3・11 「文化のまち」づくりに見られる3要素の結びつき

ルを上げることで質の高い産品や観光地を創り出すこと、また、文化や芸術を使って地域の人たちの結びつきをつくることが積極的に意図されてきた。特に、文化や芸術は、人々を対等な同好の士として横につなぐ力を持っていて、地域社会を支配する縦の関係とは違った関係性をつくることができるので、「動的ネットワーク」の形成において重要な役割を演じてきた。たとえば、音楽祭や映画祭は、演奏や上映という取り組みに加えて、「小さくて美しいまち」という由布院の特性を発信し、そのまちのイメージをブランド化するとともに、そこに文化的な生活を営む人々のつながりを生み出すことを意図していた。由布院の文化・芸術について3要素の関係をまとめると、図3・11のようになる。

ここでは、実践例3としてこうした「文化のまち」づくりの戦略を考察する。具体的には、由布院におけるアート・ムーブメントと景観デザインを取り上げる。「明日の由布院を考える会」におけるまちづくりの初期段階から、景観と調和したデザインのあり方は由布院のまちづくりにおける主要なテーマとなってきた。これと密接に結びついているのがまず「アート」である。湯布院町には公共の美術館や博物館はないが、多くの私設の美術館やギャラリー[*1]が集積して、まちの賑わいと景観を形づくっている。象徴的なのが、

1989年にギャラリーを備えたJR九州初の観光列車「ゆふいんの森号」が運行を開始し、翌1990年にはアートホールを持つ由布院駅舎が完成して、まちの景観の要にアートの拠点を持つことになったことである。そうした由布院の「文化のまち」づくりをアートと景観形成の点から見ていくことで、イノベーションの源泉を探ってみたい。

1. 由布院のアート・ムーブメント

❖アートとは何か

　まず、「アート」がどういうものかについては、アート自体が変化を続けており、さまざまに解釈があるため、一義的に定義することはとても難しい。堀野正人は、アートと観光の関連についての研究の中で、アートは、すでに社会的に権威づけられた伝統的な「美術」と、それ以外の諸々の新しい美術的な表現作品を含む概念であるとしており、ここでもひとまずそのように考えて話を進めていきたい[*2]。またアートの中でも特に活況を呈している分野に「現代アート」があるが、これも定義の定めにくいものではあるものの、山口裕美は現代アートの魅力として、①インスピレーションが刺激される、②究極の一点もの、③コミュニケーションツール、という3点を提示している[*3]。

　「ビエンナーレ」「トリエンナーレ」と名がつく、国や地域を挙げて実施される現代アート等の大規模展は無数にあり、主なものだけでも約40〜50件を数え[*4]、地域の代名詞にもなりうるイベントとして評価されることも多い。また、金沢21世紀美術館、直島ベネッセハウスに代表されるような、新しいアート観に基づく美術館や施設も増えている。日本より早く成熟社会を迎えた欧米では、アートによる地域のイメージアップや観光集客によって経済効果がもたらされ、その地域の魅力が増すことによって雇用が増え、出身者が地域に戻り、レジャーや仕事の場としての地域再生にもつながっていくと指摘されている[*5]。

　アートはもちろんビジネスとしての側面を持つのだが、作品を通じて作家と鑑賞者との「出会い」の場を創り出すことから、こうした「出会い」の力

を多方面に活用していく方向へと進んでいる。そのためここ数十年の間に、観光とアート、まちづくりとアートの関係はより密接になっていると言える。由布院におけるアート・ムーブメントはそうした全国的な動きの1つの先駆けとなる取り組みだった。

❖由布院におけるアートの展開

　由布院温泉の旅館は小規模で、団体客ではなく個人客や小グループを主要な顧客層としてきた。実践例1、2で述べたように、まちづくりのリーダーたちは「小さな宿」にこだわり続けるために、まちを散策できる魅力の開発に努めてきた。由布院で旅館に滞在する場合、また日本の温泉地では珍しい日帰り型観光の場合でも、地域内を散策するのが由布院観光の基本形態となっている。その散策では、田園風景の中、土産品店や飲食店、カフェなどを巡るほか、美術館やギャラリーも散策型観光の目的地として選ばれてきた。まちづくりのリーダーたちは、散策拠点となるまちの賑わいをつくるために、芸術家やアートに関連するさまざまな人材を由布院に呼び込んできた。

　由布院における美術館・ギャラリーは、今日までどのように開設されて、その後どう推移してきたのであろうか。すでに述べたように、由布院は素朴な農村らしいまちの魅力によって戦前から多くの文人や芸術家に愛されてきた。そうした由布院の魅力に惹かれて、自分が生み出した作品や、自分が愛好する作品をこのまちで披露したいと考えた人々が私設の美術館やギャラリーを開設していった。由布院で最初に開設されたのは1981年のS美術館であり、その後徐々に美術館やギャラリーが開設されていった。

　美術館・ギャラリーの件数の推移は図3・12の通りであるが、1980年代から徐々に増えて、1990年代から2000年代半ばがピークであり、2000年代後半から漸減傾向にある。同じ施設が何十年と運営されている場合が多いものの、中には短期間で閉鎖されたりする場合も見受けられた。開設者の意図はさまざまであったが、結果として、こうした施設は新しい由布院の観光要素として観光客に認識されていった。

　こうした発展過程の中では、個性的な美術館やアートギャラリーが相次いで誕生する一方で、同時に、あきらかな贋作やキャラクターグッズを展示し

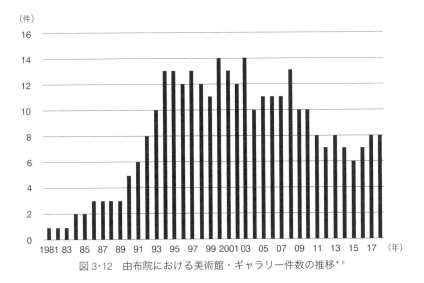

図3・12　由布院における美術館・ギャラリー件数の推移[*6]

た美術館、単なる土産品店をアートギャラリーと称する施設などの乱立が相次ぎ、観光地の通俗化現象が指摘されるようになっていった[*7]。

　ただし、由布院におけるアートはまちづくりと深く結びついており、独自の発展の過程をたどってきた。このことをまず、由布院の美術館の創業者の典型的な開業経過から見てみよう。

・K美術館
　この美術館の創業者T氏は、もともと由布院には長期療養のために訪れた。滞在中にK旅館のN氏と知り合い、その後この旅館でスタッフとして働くことになった。もともと書画を好み、骨董や民芸にも興味があったT氏は、ギャラリーと土産品店を兼ねた民芸品店を湯の坪地区に開業した。ある意味で、実践例2とは違ったスピンオフの事例である。そこでの成功を受けて、1986年に鳥越地区で美術館を開業している。実践例1で述べたように、この美術館は、それまで手がほとんど入っていなかった鳥越地区での最初の開発例となった。

　この開業は由布院における「芸術村」の創設を意図したもので、K美術館を含む集合的な建物群により、自然と調和した複数の文化ゾーンを演出し、まちづくりと連携して活動を行った。その中心となっていたのは、神楽など

に使われる九州の貴重な民俗仮面を100点以上展示するK美術館であり、絵画、写真、民俗資料、テキスタイルアート（古布）など[*8]、さまざまなテーマにそって由布院で当時活動していた複数の創作家やコレクターを新しい開発地区にまとめていくという野心的な試みだった。この創業者は、1980年代末から活発になった由布院のアート・ムーブメントや、湯の坪地区を中心とした景観形成活動において、中心的な役割を演じている。

　その後このK美術館は2001年に閉館したが、実践例1で述べたように、鳥越地区に開業したM旅館がこの美術館の経営を引き継いでいる。

・D美術館

　D美術館の創設者U氏は、大分県内で福祉関連の仕事に従事する過程で、児童図書館などを開業する中で芸術への興味を深めていた。そうした活動を通じてK美術館のオーナーと知り合い、後述する由布院駅アートホール開設を機に、由布院のアート・ムーブメントの参加者となった。U氏はアートの企画展示を得意としており、1990年からの由布院駅アートホールの運営計画づくりにも参画した。さらにその後、湯布院町行政による温浴施設「クアージュゆふいん」の開業にあたって、そこに併設されたギャラリーの企画も担っている。そして自分の収集品を元に由布院にギャラリーを開設し、さらにその後D美術館を開設した。U氏は現在、由布院のアートのさまざまなシーンで中心的な役割を担っている。

❖ 由布院のさまざまなアート・ムーブメント
・アートフェスティバルゆふいん

　このように由布院で徐々に増えてきた美術館・ギャラリーであるが、点在している施設同士が、同時期に同じテーマで企画展を行う「アートフェスティバルゆふいん」が1988年から開始された。主導的な役割を演じたK美術館の創業者は、由布院という地域そのものがミュージアムとしての機能を持ち始めてきたことを背景として、従来、美術館やアートギャラリーという枠組みの中で行われていたアートの企画を市民の日常生活の中に浸透させていくことを意図していた。前述したように、由布院が人気の観光地になるに

つれて、観光地の通俗化現象が始まっていたことに対抗するためにもこのイベントは始められた[*9]。

しかし、由布院におけるアート・ムーブメントが活況を呈するにしたがって、ビジネス色の強い事業者が参入するという現象が生じ、またさまざまな混乱も発生してこのフェスティバルは5回で終了することとなった[*10]。ただし、1988年という全国の中でも早い段階でアート施設同士が「まちづくり」と連動したアート活動を通じて連携し、それが動的ネットワークとなって、その後由布院のアートシーンにさまざまなイノベーションが発生していくことになった。また、後述のようにこうした動きはその後他地域に広がっていくことになった。

・ゆふいんの森号アートギャラリー

アートフェスティバルゆふいんの動きに当時のJR九州社長の石井幸孝氏が着目し、由布院でアート活動を行っていたメンバーと議論して、石井社長からJR九州初の観光列車「ゆふいんの森号」の車両内にアートギャラリーを開設することが提案され、1989年から運行が開始された[*11]。アート面だけでなく、このゆふいんの森号の登場により、JR九州が列車のデザインに力を注ぎ、ひいては旅の楽しさや豊かさ、快適性の向上を何よりも重視していることを広く印象づけられた[*12]。この列車は日本の観光列車の先駆けであり、その後の由布院のブランド向上に大きく貢献することとなった。なお、この車内のギャラリーは改装のため2003年に廃止されている。

・由布院駅アートホール

ゆふいんの森号の第1号列車に石井社長や美術関係者が乗り込み「列車シンポジウム」が開催され、これを機縁にして「由布院駅」を美術館として運営するという構想が持ち上がった[*13]。この駅舎の設計は世界的建築家の磯崎新氏が行い、ルネッサンス期の礼拝堂をイメージした吹き抜けのあるコンコースや、コンコース内のミュージアムホールなども話題になった[*14]。JR九州は1987年に発足しているが、この発足当初からゆふいんの森号と由布院駅アートホールは同時に構想されていたとも石井氏は述べている[*15]。こ

の由布院駅アートホールの運営は、当初湯布院町と「ゆふいんアートプロジェクト」が担当し、1996年以降由布院温泉観光協会が受託することとなった。

・アート委員会

　由布院温泉観光協会の中には部会制が敷かれており、前述の通りそのうちのアート委員会が企画・運営部門として由布院駅アートホールの1996年以降の運営活動を始めた。この委員会のメンバーは、美術館・ギャラリーのオーナー、スタッフのほか、アートに興味がある住民らで組織されている。月ごとの企画を立て、アート情報誌『森の散歩道』を発行し、毎月の展示替えもボランティア活動として行っている。この年間の展示企画は、前年度秋に一斉に公募し、JR九州、由布市、由布院温泉観光協会、由布院温泉旅館組合、そしてアート委員会メンバーで合議して、作家、作品の選定を行っている。同アートホールでは、高名な作家であっても対価は支払わず、新進気鋭の作家であっても会場費等を徴収せず、全員同じ条件で対応してきた。唯一作家に義務づけられているのが「アートフォーラム」の開催である。このフォーラムは、会場である由布院駅アートホールにおいて、作家を囲んで創作の意図を聞き、交流する場であり、作家と地元メンバーとの関係性醸成に寄与している。

・アートストックからアートエンジンへ

　由布院では、まちに点在する美術館やギャラリーなどの施設や、広域にネットワーク化されている作家の方々などの協力を得て、美術作品を町の共有財産としてストックし、展覧会を企画したり、各種の施設に貸出しをしたりする「ゆふいんアートストック」が1997年に設立された[*16]。中でも83歳で初めて絵筆を握り、99歳まで絵を描き続けた東勝吉氏の展示が1997年に行われ、大きな反響があった。そこで83歳以上限定の水彩画公募展が2014年から開催されている。こうして活動してきた「ゆふいんアートストック」であるが、ストックするだけの活動にとどまることなく、再び新しい動きを創り出すことを意図して2017年に「ゆふいんアートエンジン」に改組された。

Socialization＝共同化	Externalization＝表出化
・美術館／ギャラリーの集積 ・さまざまなシーンにおける話し合い	・まちづくりと結びついた「アートフェスティバルゆふいん」というアイディア ・新しいイベント、企画のコンセプトメイク
Internalization＝内面化	Combination＝連結化
・アートムーブメントへの地域内外の人たちの巻き込み ・まちづくりとの連動	・アート委員会を中心としたイベント、企画の実施、運営

SECIプロセスを駆動させるために必要とされた要件
・企画やイベントへの美術館やギャラリー、旅館などの主体的な参加
・由布院に集積された美術館・ギャラリーや、旅館などの分野／組織を超えた連携
・地域内外の人たちをイベントや企画に巻き込んでいくリーダーシップ

図3・13　由布院のアート・ムーブメントに見られる知識創造のプロセスとそのための要件

❖アートのイノベーションにおける知識創造のプロセス

　地域づくりの活動は一定の地域を前提としているので、限られた範囲の中で、閉じたネットワークの活動として捉えられることが多い。しかし、由布院という閉じた地域においてアートが果たしてきた役割は、外部とつながる窓のような機能を持っている。由布院では、美術館・ギャラリーのオーナーやスタッフ、作家、住民、JR九州や自治体等、多くの人々や組織によって実践が積み重ねられていった。中でもアート委員会が20年以上にわたって積み上げてきたムーブメントは、外とつながろうとする内発的な動きであり、アートを通じて地域の中で文化や芸術の価値が醸成され、共有されてきた。こうしたアートが、内と外、内と内との出会いのシステムになることで創り出される「動的ネットワーク」によって多様なイノベーションのサイクルが形成されている。

　こうしたアート・ムーブメントの発展過程をSECIプロセスによってまとめると、図3・13のようになっている。アートフェスティバルゆふいんが最初の動的ネットワークとして機能することによって、さまざまなアートのイノ

ベーションがその後生まれている。

　まず、1981年のS美術館開設以降徐々に美術館・ギャラリーなどの施設が増えていき、さまざまなシーンで日常的な話し合いが繰り返されていくことで共同化が行われた。次に話し合いの中から、そうした施設が連携して、まちづくりと連動した「アートフェスティバルゆふいん」を行うというアイディアが表出された。このイベントは地域内外に存在するさまざまなアートに関する知識が統合され、組み合わされることで具体化されていった（連結化）。そして、この取り組みに観光客はもちろん、さまざまなアート愛好者も加わることによって「まちづくり」と連動したアートの取り組みが内面化されていった。

　こうしたプロセスが駆動することによって、アートが由布院観光の大事な要素として認識されることで、1990年の由布院駅アートホールの開設や、美術館・ギャラリーのオーナーらによるアート委員会やアートストック運動、それに続くアートエンジンへの展開といったさらなるアート・ムーブメントが生み出されている。

❖全国の先駆けとなった由布院のアート・ムーブメント

　由布院のアート・ムーブメントは、まちづくりと連動して始められたものだが、地域内には収まらない影響を与えることになる。表3・9は1970年以降の由布院と全国のアートをめぐる主な動きをまとめたものである。これまでみてきたように、1981年に由布院で最初の美術館が開設され、1988年からアートフェスティバルゆふいんが5年間開催され、1989年以降JR九州、地元自治体とのアートの協働が始まっている。

　アートフェスティバルは1993年から伊豆高原でも同様の取り組みが展開され[*17]、2000年に初めて「大地の芸術祭　越後妻有アートトリエンナーレ」が開催されているように、由布院の地域におけるアート・ムーブメントは時代を先取りした1つのムーブメントであったということができよう。

　ただし、逆に由布院のアート・ムーブメントは、越後妻有、瀬戸内、別府等のような目覚ましい地域アートイベントのようには発展しなかった。また金沢のように大きな美術館も存在しない。また昨今美術館・ギャラリーも漸

表 3・9　由布院と全国のアートをめぐる主な動き（筆者作成）

年	由布院の主な動き	全国の主な動き
1970	由布院の自然を守る会発足	
1971	明日の由布院を考える会発足、欧州研修旅行実施	
1975	辻馬車運行、ゆふいん音楽祭、牛喰い絶叫大会開始	
1976	湯布院映画祭開始	
1979	大型観光施設開設	
1981	最初の S 美術館開設	
1987	JR 九州発足	
1988	アートフェスティバルゆふいん開始（～1992）	
1989	ゆふいんの森号運行開始、車内アートギャラリー開設	
1990	潤いのある町づくり条例施行、由布院駅アートホール、クアージュゆふいん開設	
1992	駅アートホールで磯崎新らによる国際会議開催	直島ベネッセハウス開設
1993		伊豆高原アートフェスティバル開始
1996	由布院駅アートホールの運営を由布院温泉観光協会が受託	
1997	ゆふいんアートストック設立	
2000		大地の芸術祭（越後妻有）開始
2004		金沢 21 世紀美術館開設
2005	三町合併し由布市誕生	BEPPU PROJECT 開始
2010		瀬戸内国際芸術祭開始
2014		道後オンセナート開始
2017	アートストックがアートエンジンに改組	
2018	由布市ツーリストインフォメーションセンター開設	

減傾向にある。これらのことをどう捉えればよいのか。アート、中でも現代アートは、ビエンナーレ、トリエンナーレとして大きなビジネスチャンスにもつながりやすい。しかし、「まちづくり」という視点から展開されている由布院のアートは、由布院観光の大切な要素であるが、ここまで見てきたように大きなビジネスチャンスにつながるものではなさそうである。

むしろ、由布院駅アートホールを中心としたアート委員会の動きに着目したい。由布院駅構内にあるこのアートスペースは、公共美術館でも私設美術館・ギャラリーでもない。観光客を迎え入れて送り出す場所として、観光客が出会う由布院の最初の場所として、このまちの観光と景観の象徴となっている。それと同時に、地域の人たちが生活の中で利用する場でもある。この半公共的な場所をボランティアベースの民間チームが企画し運営し続けることで、まちづくりの機能を効果的に発揮できている。生活型観光地といわれる由布院であるが、他所のような大きな装置ではなくとも、日常に近い場所での作品や作家との邂逅も、1つの地域活性化のあり方であると言える。小堀貴亮は「芸術文化観光空間」として由布院を分析し、由布院では「施設」から「まち・地域・環境」という枠組み全体に展開し、新しい概念を獲得しようと試みたことを評価している[*18]。筆者も小堀同様、由布院のこうした連続する試みをまず評価したい。

　まちづくりの中へと溶け込んでいったアート・ムーブメントと時を同じくして、由布院の景観づくりの動きがあった。節を改めて、由布院の人々が取り組んできた景観とデザインに関する動きについても考察してみたい。

2. 由布院の景観とデザイン

❖統一案内標識の設置

　由布院の人々は、早い段階から景観とデザインの重要性に目覚めていた。中でも景観を損ねる広告看板や案内標識を一掃しようと、統一案内標識のデザイン公募を1972年に行っている。これは公共的な案内標識だけでも統一していき、しだいに各商店や旅館などの広告類、できれば全国共通の道路標識や交通標識までも統一することを視野に入れたもので、その前年に行った欧州研修旅行での見聞が背景となっている[*19]。その後、由布院盆地内で統一案内標識が街角に立てられ（現在では別デザインのものが設置されている）、観光協会の特別会計予算で維持管理されてきた。高度経済成長期に観光開発とモータリゼーションが進展し、旅館や観光施設を目立たせようとする看板が乱立して景観を破壊していった中で、早くも統一したデザインを目論んで

いたのであった。

❖ 湯の坪（街道）デザイン会議

　1980年代から徐々に観光地としての名を高めていった由布院であるが、観光客の増大とともに大きく変化していったのが中心部の湯の坪街道だった。古くからの街道沿いに、地元向けの商店や民家、田畑があったが、徐々に土産品店や飲食店が立地していった。そうした状況に危機感を抱き、1980年代に「湯の坪デザイン会議」が組織され、湯の坪街道沿いの建物のデザインやたたずまいについて議論が重ねられていった。具体的には、店舗の建築設計を検討したり、店舗をセットバックして店先に樹を植えるスペースを確保したり、街路灯を統一したデザインにするなどして、実践と議論の積み重ねから、先駆的で美しい町並みが形成されてきた。中でも店先にくぬぎの木を植えて、連続した緑蔭をつくったことによる景観形成は高く評価された。湯の坪街道沿いにギャラリーを構えていたK美術館の創業者も、こうした活動に参加していた。

　その後、外部資本がどんどん流入してきて看板やのぼりが乱立し、また幅員の狭い道で歩行の安全性が懸念される事態にもなり、2002年には「湯布院町・いやしの里　歩いて楽しいまちづくり交通社会実験」が約1500名のボランティアの参加のもと実施された。また2004年に新たに「湯の坪街道デザイン会議」が設置された。そこでは、住民主体の景観検討、景観形成活動が行われてきた。そしてこのデザイン会議が事務局となって「湯の坪まちづくり協議会」が2006年に設立され、地区のルールづくりを行っていき、景観法を活用して、景観計画・景観協定・紳士協定の策定が開始された[*20]。住民、専門家らにより詳細な現地調査と検討が行われ、おおむねの合意を得て、2008年に由布市景観条例が施行され、景観計画が策定された。また景観協定・紳士協定も翌年に締結されている。

❖ ゆふいん建築・環境デザインガイドブック

　観光地として発展するにつれて、前述してきたような中心部における観光地化だけでなく、貴重な田園空間がスプロール状に開発され、一方で一般住

第3章　「市場競争力」＝観光地としての成功をつくる　　147

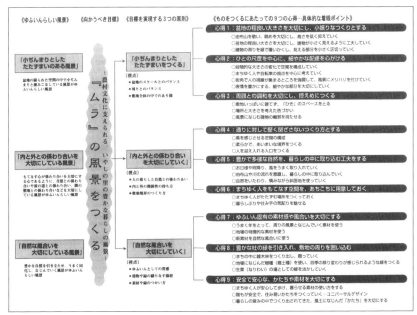

図3・14 『ゆふいん建築・環境デザインガイドブック』の紙面

宅もプレハブ住宅が多くなり、よそのまちと変わらない町並みになりつつあった。そこで、「ゆふいんとしてのあるべき風景のイメージ」を形として示し、由布院に関わる人々すべてで共有するため＊21、『ゆふいん建築・環境デザインガイドブック』が作成されることとなった。1997年から3か年にわたって、自治会、各種団体などによる「ゆふいん建築・環境デザイン協議会」が湯布院町内を調査し、優良な事例のデータを収集して写真を撮影し、ワークショップを開催していった。その結果、①小ぢんまりとしたたたずまいのある風景、②内と外との係わり合いを大切にしている風景、③自然な風合いを大切にしている風景の3点を「ゆふいんらしい」風景として定め、具体的な建築においても参考にしやすくするため、「3つの原則」と「9つの心得」を、優良事例の写真や図解で提示した『ゆふいん建築・環境デザインガイドブック』を2000年に作成した（図3・14）。このガイドブックは作成時に湯布院町内に全戸配布され、その後2011年に一部増補し改訂版が作成されている。

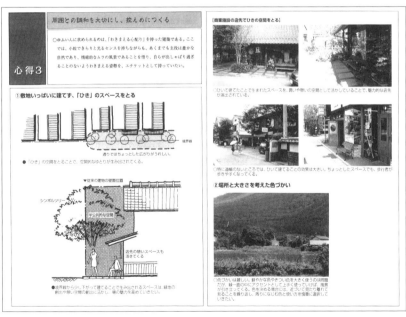

図3・14（続き） 『ゆふいん建築・環境デザインガイドブック』の紙面（「心得」のページ）

❖由布院のまちづくりと景観形成における知識創造のプロセス

　景観とデザインをめぐる発展過程についても、SECI プロセスを援用してさらに考察してみたい。

　まず、1972 年という早い段階から統一案内標識のデザイン公募、その後の設置、維持管理が行われている。まちづくりの初期段階から、時間をかけた話し合いによってお互いの考え方を共同化し、そこから表出されたアイディアを由布院らしい標識デザインとして具体化するなどの活動を通して、由布院の価値が何なのかが内外に示されてきた。

　湯の坪の景観づくりにおいても、話し合いからすべてが始まっている。まず 1980 年代の「湯の坪デザイン会議」が動的ネットワークとして機能することで、湯の坪らしい、由布院らしいまちの景観についてのコンセプトが生み出された。その後、1990 年代後半から 3 年間にわたる実践の結果として『ゆふいん建築・環境デザインガイドブック』が作成され、コンセプトが形式知化されている。また、単にガイドブックをつくるだけではなく、実際にこうしたコンセプトを実現する景観形成の動きとして「湯の坪街道デザイン会議」の活動も行われてきた。

　まちづくりのリーダーの 1 人は、商店や飲食店がひしめくもっとも賑やかな場所で土地を交換し、雑木だけを配したポケットパークをつくった。また、まちづくり活動の参加者が営む商店では、店舗をセットバックしてファサードを落ち着いたデザインにするとともに、前景にくぬぎなどの雑木を配するなど「由布院らしい」修景活動に主体的に取り組んだ。こうした具体的な景観のイメージを日常的に目にすることによって、由布院の景観の価値が観光客にも、地域内の事業者にも内面化されていった(図 3・15)。

　「原宿化」していると評される湯の坪街道の賑わいは、しばしば観光まちづくりがうまく機能しなかった事例として批判の対象となることもあるが、ある意味で由布院のまちづくりの象徴である。外部のさまざまな要素を取り入れながらも、厳しい規制等で統制するのではなく、地道な話し合いと「らしさ」を具体的な形で示すことによって、この街道沿いに営業する多様な当事者それぞれが主体的に「由布院らしい」景観をつくっていけるよう努力が続けられてきた。そして、その姿を絶えず変革しながら「由布院らしさ」をつ

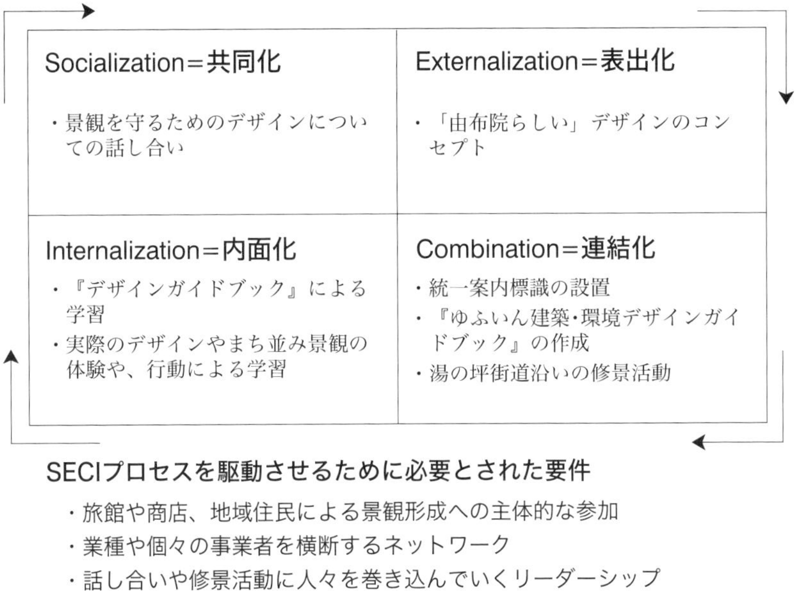

Socialization＝共同化	Externalization＝表出化
・景観を守るためのデザインについての話し合い	・「由布院らしい」デザインのコンセプト
Internalization＝内面化	Combination＝連結化
・『デザインガイドブック』による学習 ・実際のデザインやまち並み景観の体験や、行動による学習	・統一案内標識の設置 ・『ゆふいん建築・環境デザインガイドブック』の作成 ・湯の坪街道沿いの修景活動

SECIプロセスを駆動させるために必要とされた要件
・旅館や商店、地域住民による景観形成への主体的な参加
・業種や個々の事業者を横断するネットワーク
・話し合いや修景活動に人々を巻き込んでいくリーダーシップ

図3・15　由布院における景観形成に見られる知識創造のプロセスとそのための要件

くることによって年間400万人の観光客を受け入れ、近年は海外からも多くの観光客を惹きつけ続けている。景観の奥にさまざまな取り組みがあることはにわかには見えにくいが、そうした過程の積み重ねこそが「動的ネットワーク」による「観光まちづくり」の実践例だと言える。

注
* 1　一般的に美術館とギャラリーは別個の存在である。ただ由布院ではいずれも小規模で、厳密に区分しがたく、本稿では「美術館・ギャラリー」と表記する。
* 2　堀野正人〔2011〕p.6
* 3　山口裕美〔2010〕pp.25-29
* 4　宮津大輔〔2014〕p.42
* 5　山口裕美〔2010〕p.30
* 6　1993年まではヒアリング調査等、1994年以降は由布院温泉観光協会アート委員会発行の『ゆふいんアート情報　森の散歩道』掲載の施設の数による。
* 7　高見乾司〔2018〕p.67
* 8　高見乾司〔2018〕pp.39-40
* 9　高見乾司〔2018〕p.67
* 10　高見乾司〔1995〕pp.56-58
* 11　高見乾司〔2018〕pp.67-68
* 12　九州旅客鉄道株式会社〔1997〕pp.224-225
* 13　高見乾司〔2018〕p.68
* 14　九州旅客鉄道株式会社〔1997〕p.236

* 15　石井幸孝氏への電話インタビューによる（2018 年 10 月 27 日）。
* 16　ゆふいんアート委員会〔2012〕p.22
* 17　高見乾司〔2018〕p.87
* 18　小堀貴亮〔2000〕p.33
* 19　『花水樹』No.7、pp.24-25
* 20　高尾忠志〔2008〕p.94
* 21　ゆふいん建築・環境デザイン協議会〔2000〕p.1

・本稿は、米田誠司、大澤健〔2018〕に加筆修正を施したものである。

第4章

観光まちづくりにおける「由布院モデル」

0.「由布院モデル」と観光まちづくり

❖「由布院モデル」の全体像

　由布院における観光まちづくりは、
① 「由布院らしさ」＝地域特性をつくる
② 「動的ネットワーク」＝ひとのつながりをつくる
③ 「市場競争力」＝観光地の成功をつくる
　という3つの「つくる」から構成されている。これらのフェーズはそれぞれ、
① 「何のために」＝観光まちづくりの目的
② 「誰が、どのように」＝観光まちづくりの主体と方法
③ 「何をするのか」＝観光まちづくりの実践内容
　を表している。

　これらの3つのフェーズは、それぞれが不可欠の構成要素として相互に原因であり結果であるように他のフェーズを強化する関係にある。第3章までで述べてきた各フェーズを合わせて整理すると、これら3つのフェーズを組み合わせた観光まちづくりの「由布院モデル」（図4・1）を導くことができる。本章ではこの「由布院モデル」の全体像を考察していく。

❖「観光まち（地域）づくり」の拡がりと困難

　21世紀に入って、新しい産業育成への期待から全国各地が観光に取り組むようになった。観光振興の現場では「まちづくり」の重要性が強調されて、観光とまちづくりを融合させる「観光まち（地域）づくり」が広がっている。その代表的な先行事例になったのが由布院だとされる。

　「観光まちづくり」とは、一般的にはその地域固有の魅力を活用する観光振興のことだと考えられている。従来の観光振興では集客用の観光施設や客寄せイベントが主要な方法となってきた。そして、その多くは外部から誘致したり、他所の成功事例を模倣したものだった。しかし、こうした手法は20世紀の終わりに大きな曲がり角を迎えることになる。観光客が求めるものが多様化・高度化する中で、ありきたりの観光施設や、どこでもやっているようなイベントでは効果的な集客ができなくなってきたからである。

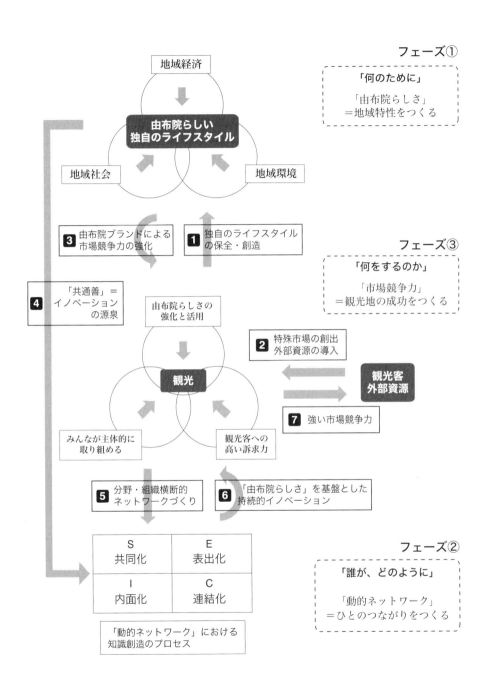

図4・1 観光まちづくりの「由布院モデル」

そこで、これまで観光に利用されてこなかった、あるいは観光用だとは考えられなかった地域の魅力＝固有の地域資源を掘り起こして、それを観光振興に活用する方法が求められるようになった。こうした観光振興の方法は、自分たちの地域の価値を見つめなおし、地域特性を活用する観光であることから、由布院と同様に「まちづくり」による観光振興だと考えられている。

　しかし、こうした「観光まちづくり」は最初から大きな困難を抱えることになる。地域にある魅力的な資源を観光に活用しようとしても、「誰が、どのように」やるのかという②のフェーズでつまずくことになるからである。地域の多様な魅力を観光に活用するためには、これまで観光に関係がなかった人たちと協力する必要がある。そのため、観光まちづくりを推進するためには、観光事業者だけではなく、他の地域産業の事業者や地域住民との「地域連携」が必要だという点が強調されている。

　ところが、観光とは関係がない人たちを観光振興に巻き込むことは非常に難しい。地域資源を保有する多くの住民や事業者はもともと観光と無関係な場合が多く、観光振興に協力すべき理由がないからである。また、地域の観光組織と業界団体とが組織レベルで連携しようとしても、それぞれがまったく異なった利害や異なった意思決定の方法を持っているので、組織間の人々のつながりを創り出すことも容易ではない。地方行政（あるいは、特定の地域組織）がリードする形で連携を進めようとする場合もあるが、一組織が主導して分野や組織を横断する「つながり」をつくることは時間と労力がかかるだけでなく、そこから実効的な取り組みを生み出すことはさらに難しい課題になる。

　しかも、「観光まちづくり」によって地域への来訪者を増やしたり、お金を落とさせようとしてもほとんど成果を上げられないことが多い＊1。現在多くの地域がそうした目的のために地域の魅力を使った「体験プログラム」や「着地型ツアー」に取り組んでいるが、もともと観光用ではない資源を使うので、多くの観光客を受け入れることができない上に、実施できる回数も限られる。そのため、こうした取り組みによって観光客数の増大や直接的な経済効果の発生を目指しても、期待したほどの成果が得られない。

　「観光まちづくり」が行きあたるこうした困難は、由布院モデルにおける①

と②のフェーズがないことによって生じている。多くの地域が取り組んでいる「観光まちづくり」では、観光の振興（多くの来訪者を地域に呼び込み、経済効果を発生させること）が「目的」であって、地域特性や地域資源の掘り起こしと活用はそのための「手段」として位置づけられている。いわば、「観光のためのまちづくり」が行われている。しかし、こうした発想で取り組むと、地域の人たちの連携をつくることが難しい上に、十分な経済効果も得られない。

　観光まちづくりの先駆者と言われる由布院だが、①の「何のために」、そして②の「誰が、どのように」観光まちづくりを行うのかという2つのフェーズを持っている点が、他の一般的な「観光まちづくり」とは大きく異なっている。そこで、①と②のフェーズの意味を改めてまとめながら、「由布院モデル」の全体像を説明する。

1. フェーズ①「由布院らしさ」＝地域特性をつくる

❖「住み良い、美しい町」をつくるという目的の設定

　由布院における観光まちづくりの第一の特徴は、「何のための観光なのか」という①のフェーズが存在することにある。これは、観光まちづくりの目的を示している。観光振興の現場で、こうしたフェーズが設定されることはほとんどない。観光の振興が「観光のため」に行われるのは自明だと考えられるからである。

　しかし、由布院の場合、リーダーとなった観光事業者たちにとって観光産業の成長や入込客数の増大はそれ自体が目的ではなかった。まちづくりの活動が本格的に行われる初期段階から「住み良い、美しい町」をつくるという大きな目的が設定され、観光はそのための「手段」として位置づけられている。目的はあくまでも「まちづくり」、つまり由布院を住み良い、美しい町にすることであって、主導的な立場にあった観光事業者たちが率先して、そのために観光（事業者）は何ができるのか、何をすべきなのかを考え、実践し続けてきた。いわば、「まちづくりのための観光」という考え方が出発点であり、その後も一貫した基本姿勢であり続けている。

そして、第二の特徴は、まちづくりの目的となっている「住み良い、美しい町」の捉え方にある。「住み良い、美しい町」とは、地域を構成する「地域環境」「地域社会」「地域経済」という3つの要素が強く結びついている状態を意味している。「結びつく」というのは、それぞれの要素が他の要素に影響を与え、相互に補強する関係にあることを指している。

　その中で重要な要素となっているのが「地域経済」のあり方である。由布院独自の「地域環境」は農業などの産業によっても形づくられ、維持されている。また、まち並みの景観は商業などの産業や住民の生活によって成り立っている。それゆえ、農業や商業が経済的に成り立ち、地域の生業が持続的に維持されないと地域の環境やまちの景観を守ることができない。また、地域に根差した産業が経済的に成り立たなければ、人々の精神的な自立や連帯感を維持できない。つまり、「地域経済」の振興が「地域環境」の保全につながり、さらには「地域社会」の基盤になる。ただし、逆に由布院の「地域環境」を基盤として、「地域社会」の人々が連携しなければ、強く自立した「地域経済」を営むことはできない。そのため由布院の観光事業者たちは、地域環境が生み出す素材を使って、地域の人々のつながりをつくることで、強い地域経済をつくることに取り組んできた。地域経済が強くなることで地域環境と地域社会が保全され、地域環境と地域社会を基盤とすることによって地域経済の自立性が強化されるという相互促進的な関係が「結びつく」の意味である（第1章の図1・2〈p.32〉を参照）。

　こうした3要素の結びつきによって、どこにもない由布院独自の暮らしのあり方＝ライフスタイルが育まれる。リーダーの1人が由布院のまちづくりの過程を「地域の独立運動」と表現したように、地域環境や地域社会と深く結びついた地域経済が成り立つことによって、他のどこにもない自立した「地域」がつくられる。由布院のまちづくりは、3要素を結びつけることで地域固有の生活スタイルを保全・創出し、個性的な暮らしが営まれる持続可能な地域を創り出すことを目的としてきた。もちろん「由布院らしさ」は時代とともに変化するし、しなければならないのだが、由布院では時代の変化に対応しながら3要素の結びつきを頑なに守ろうとしてきた。それが地域特性＝由布院らしさをつくることにつながっている（**1**）。

❖ 由布院らしさを創り出す「手段」としての観光

　リーダーとなった観光事業者たちは、こうした「由布院らしさ」＝地域特性をつくるための「手段」として観光の力を使うことを考え続けてきた。一般的に観光は「地域経済」の一構成要素と考えられていて、それがもたらす経済効果だけが注目される。しかし、3要素を結びつけるための「手段」であるという考え方に立つと、観光はそれ以上の重要な役割を演じることができる。由布院のまちづくりにおける「地域経済」とは、むしろ農業や商業といった観光以外の地域産業のことで、それらを強化する力を発揮できることに観光の独自性がある。

　観光は、外部との接触によって営まれ、外部からの観光客はもちろん、それ以外のさまざまな資源の導入窓口になるという特性を持っている（**❷**）。外部との「出会いの場」を創り出す観光は、地域に多様な効果をもたらす。

　1つには、観光は「特殊市場」を創り出すという独自の力を持っている。「特殊市場」の意味は2つある。第一に、地域内に来訪者を招き入れることで、「内部市場」を創り出すことである。こうした内部市場は、地域産品にとっては他の産地と競合することのない市場になるとともに、外部に移出できない景観や環境、対人サービスなどにも市場を拓くことになる。

　そして第二に、観光は来訪者に由布院の景観や環境、地域の人々と触れ合う機会をつくり、「美しい町」のイメージと地域産品を一体化させることで「差別化された市場」を創造する。由布院独自の美しい「地域環境」や和やかな「地域社会」を地域産品とむすびつけることで差別化を図り、地域産品の付加価値を高め、さらには顧客との強い結びつきを育むことができる。観光がつくり出す「特殊市場」は、他産地と競争しなければならない外部市場・一般市場とは違った「内部市場」・「差別化された市場」であり、それは独占的な市場として地域産業の振興に大きな効果をもたらす。

　また、「特殊市場」をつくり出すだけではなく、観光は外部からさまざまな資源を取り込む窓としての役割も果たすことができる。由布院の観光事業者たちは、外部の目や声、情報、知識、技術、人材、資金といった資源を積極的に取り入れることに注力してきた。こうした外部資源は旅館の宿泊客やそのコネクションを通じて導入されることも多く、旅館主たちは顧客とのそ

うしたつながりを維持するような旅館経営を行ってきた。たとえば、「牛一頭牧場運動」では旅館の顧客を通じて外部資金を導入することによって畜産農家の経営支援が試みられた。また、由布院の野菜を使った料理の質を上げるための技術や料理人、由布院の雑木を食器に加工する人材の導入なども行ってきた。こうした外部からの多様な資源の導入によって、由布院の環境から生み出される素材を活かしたものづくりの力を高めることで地域産業を育み、その活性化を図ってきた。

❖ 地域特性と観光の市場競争力

　「まちづくりのための観光」という由布院の基本姿勢、すなわち、観光によって生み出される特殊市場や、外部資源の導入によって「由布院らしさ」を創り出すというスタンスは、それによって育まれる地域特性によって観光自体の競争力を強化する戦略と表裏一体の関係にある。

　観光は本来その地域独自の魅力を観せる・観に行く行為であり、その地域の特性が競争力の源泉である。由布院らしい地域環境が保全され、そこに地域の人々の思いとつながりが維持され、それらを基盤とした独自の産業が営まれること、そうした地域の独自の魅力が観光地の競争力の源泉になる。たとえば、由布院の農業が衰退してしまうと、地場産の食材を使うことができなくなるし、農村景観も維持できない。豊かな地域産業があることで維持される地域の景観やひとのつながり、魅力的な地域産品が観光の競争力の源泉になるからこそ、観光を使って地域経済を強化する必要があった。それゆえ、観光事業者たちは率先して「由布院らしさ」にこだわり、地域産業の支援や育成に力を入れ、地域の人々の思いとつながりをつくることに取り組んできた。

　こうした差別化による競争力の強化は、地域の「ブランド化」戦略を意味している。まちづくりのリーダーたちが目指したのは、地域固有のライフスタイルをつくることで、「由布院」という地域全体を差別化してブランド化することだった。「まち」というレベルでのブランド化には、個々の旅館のブランド化や、地域産品のブランド化とは別の次元の広がりが必要とされる。こうした包括的な差別化の核となるブランド・アイデンティティは、他のどこ

にもない地域固有の暮らしのあり方によって裏づけられる。観光によって「住み良い、美しい町」をつくるという由布院の観光まちづくりの基本姿勢（❶）は、「由布院らしさ」をブランド・アイデンティティとして地域全体をブランド化することで観光自体の競争力を育む戦略（❸）と双方向の関係になっている。由布院温泉の観光地としての競争力は、こうした息の長い戦略によってつくられ、強化されている。

　もちろん地域特性をつくる営みは、観光自体の質の高さと観光客への訴求力がなければ実現されない。そのために観光事業者は常に外部からの多様な要素を取り入れることで、自らの競争力を強化してきた。ただし、それは外部からの観光開発を誘致したり、他所で流行ったものを模倣したりすることではなかった。観光地としての競争力の基盤となっている「由布院らしさ」をつくるために必要なものを外部から導入して、観光のあり様を時代に合わせて変化させ続けてきた。

　多くの地域が取り組んでいる「観光まちづくり」では、地域資源を活用した体験プログラムやツアーなどによって観光客を増大させ、経済効果を得ようとしている。しかし、先に述べたように、こうした活用の仕方によって狙い通りの成果を得ることはほとんど期待できない。地域資源（特性）の活用とは、観光地としての独自のポジションを構築することであり、他の地域と差別化されたブランド化の源泉として活用することである。こうした地域のブランド化によって来訪者が増大し、地域産品やサービスを高い価格で販売することができる。さらには、リピーターや、時に地域のサポーターとなる観光客を増やすことも可能になる。また、一度構築したブランドを地域の多様な要素に拡張することで、さらなるブランド化が可能になる。つまり、他の観光地との差別化によって、顧客からの高い認知度と評価を獲得し、さらには顧客との継続的な関係づくりをすることによって地域に大きな経済効果がもたらされる。こうしたブランド化戦略なしに、地域特性を観光地の競争力に転化させることはできない。

❖**つながりをつくるための共通善としての「由布院らしさ」**
　①のフェーズは、②の「つながりをつくる」というフェーズと関連して、

もう1つの重要な役割を演じている。「まちづくり」は、当然のことながら「まち」という広がりの中で進められなければならない。農業や商業などの他の産業と観光業との連携によって住み良いまちをつくり、それによって地域全体をブランド化するという戦略を実現するためには、分野や組織を越えた「つながり」が不可欠であり、地域内の多様な人々がまちづくりに参加することが必要になる。

しかし、個々の産業はそれぞれの利害を持っていて、さらには同じ産業の中でも事業者によって目指すところも日々の経営のあり方も異なっている。多様な利害を持った分野や組織を横断するような「つながり」をつくるためには、個別の利害を超える大きな目的、あるいは多くの人々が共有できる共通善が必要になる。リーダーとなった観光事業者自らが、「観光のため」ではなく、「住み良い、美しい町」をつくるという、地域の人々が共有できる共通目的（共通善）を掲げることでこうした連携が可能になっている（❹）。

「共通善」というと実効的ではない抽象的なきれいごとのように考えられがちである。しかし、「まち」の中にいる多様な事業者や住民を巻き込んで、進むべき方向を共有しながら協働作業をしていくためには、こうした大きな目的の設定は必要不可欠である。きれいごとだからこそ個々の利害を超えて人々が共有できる共通目標になるのであり、「観光のため」や「自分の旅館のため」という個別の利害によって「まち」レベルのつながりをつくることはできない。こうしたつながりの具体的なあり方について、次のフェーズ②においてさらに詳しく述べていく。

2. フェーズ②「動的ネットワーク」 ＝ひとのつながりをつくる

❖「動的ネットワーク」をつくる

フェーズ②は、まちづくりを「誰が、どのようにして」行うのかに関わるフェーズである。つまり、まちづくりにおける「主体」と「方法」を表している。

地域を構成する3要素を結びつけるまちづくりを進めていくためには、それぞれに独自の意思決定の仕組みと行動様式を持っているさまざまな主体（個人や組織、団体）の間に「つながり」をつくる必要があった。由布院のまちづくりの実践は、観光を絡めたさまざまな企画によって、分野・組織を横断する「横」のつながりを重層的につくる過程でもあった（**5**）。由布院のまちづくりの過程に数多く見られる主体的なコミットメントによるフラット（水平、対等）なつながりを本書では「動的ネットワーク」と呼んできた。こうしたつながり方は、既存の地域組織による意思決定や行動の仕方と大きく異なっている。その違いをまとめたものが第2章の表2・1（p.63）である。

　「観光」は外部との接触によって成り立つ営みであり、外部との関係を導入することによって地域の内部に存在する既存の社会構造を何らかの意味で解体する「手段」となる。まちづくりと観光を組み合わせることの意味は、こうした作用によって地域内に新しい関係性を創り出すことにある。

　動的ネットワークは、(1)共通の目標や関心事の設定と、それへの参加者の主体的なコミットメント→(2)参加者による時間をかけた話し合い→(3)協働プロジェクトの提起と実践、という一連の流れによって形成される。

　まず、こうしたつながりは分野や組織を超えてつくられるので、組織的な決定と命令によって人を動かすことができない。そのため、主体的な意思による参加がつながりをつくるための基本的な条件になる。これによって、参加者相互に階層的な上下関係がなく、フラット（水平・対等）な立場で参加するようなネットワーク型の組織構造がつくられる。こうした主体的なコミットメントを引き出すためにはフェーズ①の「共通善」が必要とされる（**4**）。すでに述べたように、由布院のまちづくりの過程では、個々の利害を超越する「住み良い、美しい町」をつくるという目的が設定され、それを実現するという目標への共感や関心がつながりをつくる求心力となっている。

　そして、まず主体的な参加者たちの時間をかけた話し合いが行われる。そこからさらに、話し合いだけに止まることなく、目的を実現するためのアイディア（コンセプト）が生み出され、それを具体化していく「実践」へと進んでいく。こうした実践もまた、誰かの指揮命令によって行うことはできないので、参加者それぞれが主体性を持った自律的な協働作業として行われる。

まちづくりのリーダーたちは、まちづくりの理念や事業のアイディアを提示するだけではなく、参加者各自がやりたいこと、できることを組み合わせて各種のイベントや企画を具体化していくことに注力してきた。こうした実践を通じて参加者が共通の体験をすることによってさらに強いつながりがつくられるからである。

❖ 知識創造のプロセスとしての「動的ネットワーク」

　動的ネットワークは、地域内に新しい実践を生み出す上で非常に効果的な組織構造である。地域組織の多くはヒエラルヒー型のツリー構造を持っていて、中央集約的な意思決定が行われるので、新しいことを行うために非常に時間と労力がかかる上に、単発・散発的にしか新しいことが起こらない。そうした組織を連携させて、複数の意思決定機構が絡み合う中で新しいことをするのはさらに難しい。それに対して、やりたい人が横のネットワークをつくって実践を起こしていく動的ネットワークの場合、起動が早いうえに、多発的に新しい取り組みが生まれやすい。

　ただし、「動的ネットワーク」の重要な意義は、単に新しい動きがつくりやすいだけではなく、話し合いと実践の繰り返しによって、地域にある「知識」を交流・増幅させる知識創造のプロセスとして機能することにある。これによって、動的ネットワークは「由布院らしさ」を基盤として持続的に新しいこと、つまりイノベーションを生み出す母体となっている。

　地域は、そこに暮らし生業を営む人々の思いと、さまざまな知識（知恵）の集合体であり、まちづくりは地域に存在する多様な知識をマネジメントする過程である。こうした知識の多くは個人の経験やものの考え方と分かちがたく結びついた「暗黙知」であって、インターネットなどの情報技術によって伝達することが難しい。だからといって、普段から濃密な付き合いのある人たちだけで知識が共有されていても、それは「まち」へと広がっていかない。具体的な形をとった「形式知」として表現されることで、広く他者にも共有可能な知識となる。

　第2章で述べた「組織的知識創造」のプロセスが教えてくれることは、まちづくりの過程では、実際に顔を合わせた話し合いや共通の体験によって伝

Socialization＝共同化 「話し合う」 ・組織や分野を超えた対話による濃密なコミュニケーション ・それを通じた共通善や共通課題の共有	Externalization＝表出化 「アイディアを出す」 ・課題解決、共通善の実現に向けたアイディア、コンセプトの提示
Internalization＝内面化 「巻き込んで広める」 ・事業／企画への参加、商品やサービスの体験を通じた「行動による学習」	Combination＝連結化 「形にする」 ・コンセプトの具体化 ・事業／企画の組み立て、実施 ・商品やサービスの具体化／提供

「地域」においてSECIプロセスを駆動させる要件
・共通の目標（課題）の設定と、それへの主体的なコミットメント
・分野／組織を超えたつながり
・場をつくり、人を巻き込んで動かしていくリーダーシップ

図4・2　まちづくりにおける知識循環とそのための要件（図2・2〈p.77〉を再掲）

達される知識（暗黙知）と、整理・体系化されて具体的な形で多くの人が共有可能な知識（形式知）の双方が重要であり、それらが交互に循環するような場づくりが必要とされるということである。

　動的ネットワークを知識の交流と創造という視点から見ると、暗黙知と形式知が相互に変換されあう知識創造のプロセスが働いている。そのプロセス（SECIプロセス；第2章を参照）と、それを駆動させるための要件は、図4・2のようになっている。

　動的ネットワークは、共通の目的に対して主体的に参加する人たちの密度の濃い話し合いから始まる。同じ地域に住んでいても、農家と観光事業者では持っている知識が異なっている。生業に関する勘や経験だけではなく、ものの考え方や見方も業種によって、あるいは人によってまったく違う。たとえば、同じ「牧野」を見ても、農家にとっては生業の場であり、観光事業者

にとっては景観である。こうした異なった知識を交流させ、それぞれの考え方を共有するためには、丁寧なコミュニケーションが必要とされる。直接顔を合わせての時間をかけた話し合いを通じて互いの思いや考え方を確認し合い、説得と納得によってまちづくりの方向性や共通課題が共有される。

そして、多様な知識が交流することで共通の目的を実現するための新しいコンセプトがつくられていく。牧野を保全するという目的に向けて、畜産農家と観光事業者が話し合う中から「牛一頭牧場運動」というコンセプトが生まれてきたことは第2章で見た。由布院のまちづくりでは、リーダーたちの理念や思想が高く評価されるが、まちづくりの基本的な姿勢は彼ら個人の頭の中だけでつくられたわけではない。地域の人たちとの密な対話の中で、地域にある多様な知識が混じり合い、相互に触発されることによってまちづくりの理念と方向性がつくられ、それを実現していくための新しいアイディアや企画が生まれている。第3章の実践例におけるさまざまなコンセプトもまた、こうした対話の場から表出されてきた。

さらに、新しく生まれたコンセプトは具体的な形＝形式知になることで広く共有される。由布院を有名にした数々のイベントや、小さな宿の姿、料理研究会、さらには由布院温泉の成功物語なども「由布院らしさ」が具体的な形式知となって表されたものである。そうした形式知を生み出す過程で、地域内のさまざまな既存の知識が再編集され、整理・体系化されていく。第3章で述べたように、生産者としての農家の知識と、旅館の厨房を預かる料理人の知識が再編されることで、野菜の少量多品種生産のシステムがつくられていった。こうしてコンセプトがイベントなどの企画や製品・サービスなどの姿をとることで、まちづくりの基本姿勢と戦略は「まち」へと拡大していく。

形式知化された知識は、「行動による学習」によって再び個人レベルの暗黙知へと内面化される。まちづくりの方向性を具体化したイベントに参加したり、旅館で提供される商品やサービスを体験したりすることで、観光客だけではなく、地域住民も「由布院らしさ」を体得することができる。由布院が得意とした数々のイベントは、外部への発信力の高さが注目されがちだが、主要な目的は地域の内部の人たちにまちづくりの理念や戦略を伝えることにある。また、旅館の敷地内にある土産品店や飲食店は、オープンスペースと

して地域の人たちや外部のサポーターたちに広く開放されることで、まちづくりの理念と方向性を地域内外の人たちが学ぶ場としての重要な役割を担ってきた。

こうした暗黙知と形式知の相互変換の中で、まちづくりの理念と基本戦略が共有され、地域に存在する多様な知識が「住み良い、美しい町」をつくるという共通の目的を実現するために活用されてきた。

❖観光まちづくりが不首尾に至るケース

観光まちづくりに取り組む際に行き当たる困難にはいくつかのパターンがある。

まず、新しいアイディアや提案が出てこないケースである。お互いの考え方がかみ合わず、地域活性化のアイディアも、発展的な発想もなかなか出てこない。または、アイディアを何とかひねり出しても、それを実行する熱意も地域の内部から出てこないので、地域を引っ張ってくれるリーダーや知恵者がいないというネガティブな意見に終始しがちになる。

あるいは、ある特定の個人やグループが自分たちのアイディアや方向性を持って活動していたとしても、その人たちが地域から孤立してしまうケースもある。外部からの高い評価を得ている活動でも、地域内に賛同者の輪が広がらずに活動が停滞してしまうことがしばしば起こる。

または、地方行政が主導する場合に多く見られるのは、地域の代表者を集めた会議で「ご意見」を聞いたり、コンサルティング会社やシンクタンクに依頼したりして「何をするのか」をあらかじめ決めて、それに実働部隊として協力的な住民を巻き込もうとするケースである。こうしたケースでは、そもそも広く住民の主体的な参加を促すことが難しく、結局は行政職員が動き回って事業が進められていくか、一部の限られた協力的な住民に仕事が集中する。

これらのケースはいずれも、地域に存在する「知識」をまちづくりに活用しようという発想自体が欠けていることが原因となっている。または、そうした発想があったとしても、暗黙知と形式知の両者を相互に循環させる具体的な仕組みがないために生じる。

新しいアイディアや提案が出てこないのは、地域の人々が互いに思いや知恵、さらには課題認識や目的を共有するための丁寧なコミュニケーションが不足している場合が多い。発言回数が限られ、お互いが自分の言いたいことを言い合うような形式的な会議によって、こうした共有を図ることは難しい。そうした場から新しいアイディアや、それを実現していこうという実践的なリーダーシップが現れることはまずない。

　また、活動の輪が一部の人たち以上に広がっていかないのは、まちづくりへの思いや方向性を具体的な形に変換して、多くの人（特に地域内の人々）を巻き込んで伝える場がないことによる。観光まちづくりの場合、「観光」の部分が強調されて外部の人たちを対象とした取り組みだと考えられがちになるので、内部の人たちの参加や意識の共有がおろそかにされがちになる。そのため、まちづくりの活動の輪が大きくならない。

　そして、行政主導の場合によくみられるケースは、地域の人たちの思いと知識を活用しようという姿勢と、そのための場づくりが不足していることによって生じる。こうした取り組みでは、「何をするのか」の「答え」を外部に求めることが多く、他所の成功事例の引き写しになることが多い。住民や事業者からすれば、自分で決めたことではないので主体的に取り組む意欲が涌かないのは当然で、「やらされてる感」と「他人事感」が蔓延する。他所では成功しているのになぜみんなが熱心に取り組まないのかと行政担当者が嘆いても、思い入れもない事業を住民がやらなければならない理由はない。

　「観光まちづくり」における地域資源の活用とは、地域に存在する多様な「知識」の活用を意味している。地域の魅力の背後には、それを保有する人の知識が存在している。地域産業に従事する人たちの知識、地域の歴史についての知識、地域の文化や生活に関する知識など、こうした知識（を持つ人たち）をマネジメントすることが必要だという発想と、そのための具体的な仕組みが欠落していると「観光まちづくり」によって効果的な観光振興を行うことはできない。まちづくりの理念が地域の人たちに共有されるためにも、地域に存在する多様な知識から新しいアイディアや企画（コンセプト）が生まれるためにも、それを具体的な事業や製品に結実させるためにも、動的ネットワークのようなつながりが不可欠なのである。

❖持続的なイノベーションと観光地としての競争力

　動的ネットワークは、地域内の（時に外部を含めた）知識が交流し、暗黙知と形式知とが相互に変換され合う場となることで、個人の知識を「まち」へと拡大し、それを再びより多くの人の知識として内面化して増幅していくというダイナミックな知識の動きを創り出す場になっている。こうした知識創造のプロセスによって持続的なイノベーションが発生していることが由布院温泉の競争力を強化しているもう1つの要因である。

　特に重要なのは、「美しい町」をつくるという共通の目標によって動的ネットワークがつくられることで、まちづくりの理念や基本戦略を基盤としたイノベーションが繰り返される点にある（ **6** ）。

　由布院は、地域特性によって他の観光地と差別化するブランド化戦略によって競争力を強化しようとしてきた。地域全体のブランド化は、カリスマ的なリーダーだけでも、特定の人たちの活動によっても実現できるわけではない。地域にいる多様な人たちが「由布院らしさ」を共有し、それを活かしたさまざまな取り組みを繰り返すことによってブランドはつくられる。しかも、由布院の地域特性は他所にはない独自のものなので、それを活かす方法もまた独自のものになる。そのため、他所の成功例を安易に導入したり、模倣したりすることができないので、地域内での数多くのトライ＆エラーの繰り返しによって市場への訴求力が育まれる。動的ネットワークは、こうしたイノベーションが持続的に生じる母体として重要な役割を演じているのである。

3.　フェーズ③「市場競争力」＝観光地の成功をつくる

　③は観光地としての市場競争力にかかわるフェーズであり、観光まちづくりにおいて「何をするのか」という具体的な実践のあり方を表している。

　観光地としての競争力を獲得するためには、もちろん「観光客への訴求力を持つ」ことが基本的な要件である。観光客を惹きつける魅力を持ち、それが観光客に認められなければ、観光地としての成功はありえない。

　ただし、この点だけを追求すれば、他所の成功例の安易な模倣や、流行への追従を繰り返しがちになる。20世紀にはこうした観光振興が一般的に行

われてきた。ベストプラクティスのベンチマーキングによって競争力を改善する努力は絶えず必要だが、安易な模倣によって一時的な成功を収めることはできても、それを持続させることは容易ではない。まして、模倣という手法は個別の観光施設や旅館などの成功には有効であっても、「地域」として持続的に観光客を惹きつけていく方法にはなりにくい。

そのため、観光地として持続的に競争力を維持していくためには、①と②のフェーズが必要になる。「何をするのか」という③のフェーズは、①と②のフェーズへとつながり、それらと連動する形で実践される必要がある。

まず、①のフェーズは観光まちづくりにおけるすべての実践の基盤となる。それゆえ、まちづくりの実践は「地域特性を強化し、活用する」ものでなければならない。観光の競争力の源泉はその地域にしかない魅力であり、特に21世紀に入ってからは、観光地の競争力は地域特性に大きく依存するようになっている。観光はそうした地域特性を活用する営みであるだけではなく、逆に地域特性をつくり、強化する力も持っている。由布院の観光まちづくりの実践は、観光の多様な力によって地域固有のライフスタイルを創り出すことで自らの競争力の源泉を継続的に強化する営みだった（ **1** ）。そして、こうした地域特性によって他の観光地との明確な差別化を行い、ブランド力を育む戦略によって観光の成功が実現されている（ **3** ）。

また、観光客への訴求力を高めるためにも、地域特性を強化するためにも、継続的なイノベーションが必要とされる。イノベーションを生み出す人々のつながりは、共通の目的とそれを実現するための協働作業への主体的なコミットメントによってつくられるので、「住民や事業者が主体的に取り組める」実践が必要とされる。由布院では、まちづくりの中で「美しい町」をつくるという共通目的が掲げられ（ **4** ）、分野・組織を横断する実践によってつながりがつくられることで（ **5** ）、地域内外の知識が動的に交流することから持続的なイノベーションが生み出されている（ **6** ）。「共通善」の共有が人々を結びつける紐合点となっているので、「つながり」から生まれるイノベーションは地域特性を基盤として生じることになる。「由布院らしさ」を源泉としたイノベーションが繰り返されることによって、由布院のブランド力が強化されていく（ **4** → **6** → **1** → **3** ）。

したがって、観光まちづくりにおける実践には、

「観光客への訴求力が高い」

「地域特性を強化し、それを活用している」（①のフェーズとの連動）

「住民や事業者が主体的に取り組める」（②のフェーズとの連動）

という3つの要素が重なることが必要とされる[*2]。これによって観光地としての競争力がつくられる（ **7** ）。①のフェーズを介して、観光を手段として「由布院らしさ」をつくるというまちづくりの基本的なスタンスによって育まれる地域特性が、ブランド力へと転化することで観光の市場競争力は強化される。また、②のフェーズがあることで、まちづくりの中でつくられる人の「つながり」が連続的なイノベーションの母体となって、高い競争力が持続的に維持されている。第3章の実践例によって示したように、由布院の持続的な競争力を支える取り組みは、この3つの要素を含んでいる。逆に言えば、由布院においても、この3要素を含んでいない取り組みは継続的な地域の競争力強化につながっていない。

ブランドとイノベーションによる競争力の強化は、他の産業にも共通している21世紀型の競争戦略である。観光もまた、こうした戦略によって振興することができる。ただし、観光産業の独自性は、①のフェーズが組み込まれている点にある。観光は「地域」の魅力を競争力の基盤とする産業であるからこそ、「らしさ」＝地域特性をつくるというフェーズが最も重要な意味を持っている。

4.「由布院モデル」の課題

「由布院モデル」は由布院のまちづくりの歩みを抽象化して表しているが、実際のまちづくりがそれほど抽象的ではないことは言うまでもない。地域にはさまざまな利害と力関係が存在していて、それらを縫い合わせるようにしてまちづくりを行うことは、複雑で労力の要る作業になる。まちづくりの実践の場となった動的ネットワークのようなつながりは観光分野に限らず地域活性化にとって不可欠なのだが、こうした横のつながりをつくることの難しさと、それが構造的に持っている限界が由布院のまちづくりにおいても大き

な課題となってきた。

　まず、動的ネットワークの大きな課題は、こうしたつながりをつくるためには多大な労力が必要とされる点である。共通の目的を常に掲げ、人々をその下に糾合して、顔を合わせた話し合いを繰り返していくためには多くの時間と労力が必要とされる。動的ネットワークを重層的に創り出すための膨大な時間と場をまちづくりのリーダーたちは進んで提供してきたが、すぐに結果が表れないこうした努力をより多くの人たちに求めることは容易ではない。

　また、分野・組織の利害を超えた目的は、利害にもとづいて行動する人や組織には共有されにくい。当然、農家や旅館経営者などの事業者にとっては自分の仕事が、また多くの住民にとっては日々の生活が重要であって、大きすぎて抽象的な目的は共有されにくい。それぞれの利害と整合性を保ちながら長期的な目的や戦略を浸透させることができれば理想的だが、常にそうした活動を提起できるわけではない。逆に、高い理想を掲げることは、それを共有する人たちと、共有しない（したくてもできない）人たちとの間に分裂を生じさせかねない。由布院のまちづくりは、そうした分裂や対立を乗り越えたり、解消できないまま挫折したりの繰り返しを数多く経験している。また、外部から多様な資源を導入するという由布院のまちづくりの方法には、多様な考えの人々や事業者の地域外からの参入が常につきまとい、問題をさらに複雑化させている。

　そして、新しいことが生まれやすいという動的ネットワークの特性は、逆に言えば持続性がないということを意味している。これは動的ネットワークの構造的な問題である。まちづくりのリーダーが「催事は砂上の楼閣だった。毎回終わるごとに跡形もなく消えた。企画者たちはコロンブスの卵を永遠に立て続けなければならなかった」[*3]と述べているように、主体的なコミットメントによるつながりは、参加者の意欲を刺激し続け、活動への求心力を維持しなければ持続できない。それゆえ、こうしたつながりを維持するためには多大な労力が必要とされる。

　由布院では、動的ネットワークが持っている課題を解決するために、まちづくりの主体と方法を組織化・構造化することで持続性を高めていく努力が続けられてきた。1990年に由布院温泉観光協会と由布院温泉旅館組合の共

同の事務局として由布院観光総合事務所を設立して、観光とまちづくりを総合的に行う体制を整えた。その後、市町村合併などの紆余曲折を経て新たな組織が整えられていったが、「観光のため」の組織として完成度が高くなればなるほど縦割りのヒエラルヒー型の組織構造が強まり、観光事業者がまちづくりに参加するという「冗長性」が失われている。ヒエラルヒー型の組織構造は決められたことを継続的・効率的に行うのに適しているのだが、活動が縦割りになり、ルーティン化しやすい。動的ネットワークが持つ活力と、ヒエラルヒー型組織が持つ持続性を両立させるためには、縦と横のバランスが重要になるが、それは絶えざる調整によってしか実現できない。由布院においても、持続性を高めながら、機動的に新しい動きを活発化させられるような組織のあり様を現在もなお模索し続けている。

　また、動的ネットワークが持っている特徴は、既存のヒエラルヒー型地域組織の代表である行政と対極にある。そのため、行政との連携の仕方は常に悩ましい課題であった。由布院のまちづくりは行政との協調と対立の間を振り子のように揺れながら進められた。バブル期の「潤いのある町づくり条例」のように強力なタッグを組むこともあったが、多くの場合は良好な連携をすることは難しかった。これは行政の無理解や非協力的姿勢によって生じたのではなく、行政という組織の構造と行動様式によって必然的に生じる課題である。横の連携による主体的な意思決定によって絶えざる変化を起こしていくまちづくりのやり方と、縦のラインでの集約的な意思決定によって公平性と持続性を担保しようとする行政の行動様式をかみ合わせることは非常に難しい課題である。

　特に、平成の大合併が全国的に進められた際に、湯布院町もその渦中に置かれた。まちづくりのリーダーたちを中心とする人々は、合併を進めようとする行政や議会と決定的に対立することになった。賛否の前に話し合いによる説得と納得を何よりも重視しようとした人々と、多数決による意思決定によって期限内に粛々と事を進めようとする議会や行政は最後までかみ合うことはなかった。結果的に、湯布院町を含む3町による合併によって2005年に由布市が誕生することになった。こうした経過は、「ゆふいん」というブランドを創ることに多大な時間と労力を費やしてきた観光関係者たちに大きな衝

撃と挫折感を与えることになった*4。ただし、もともと民間主導によって進められてきたまちづくりが行政の合併によってどのような影響を受けているかを現時点で正確に把握することは難しい。また、動的ネットワークと行政との関係は、現在の地域活性化の取り組みに共通するより大きな課題だと考えられ、本書の考察範囲を超えている。その考察については今後の課題としたい。

5. 21世紀の観光地戦略としての「由布院モデル」

❖ **成熟した観光産業における「戦略」としてのまちづくり**

　地域の固有性を保全・強化することで得られる包括的な差別化＝ブランド力と、それを構築するための多元的なイノベーションを持続的に生み出すという由布院の戦略は、21世紀の競争環境の中で観光を振興する方法として多くの示唆を与えてくれる。

　もともと観光は地域特有の文化や環境と結びついて成立していたのだが、その発展過程の中で他の産業と同じように外来型・外発型の開発を繰り返すようになった。20世紀の観光開発では、由布院がたびたび経験したように、外部から誘致した事業者によって巨大な観光施設をつくる、あるいは他所の成功事例を真似してイベントを行うといった方法が主流だった。こうしたマスツーリズム型観光開発は1960年代の高度成長期から急速に拡大し、それが頂点に達したのは1980年代後半に生じたいわゆるバブル経済期だった。

　まず、1983年にオープンした東京ディズニーランドや、長崎オランダ村の成功に刺激されて全国に「テーマパーク」が乱立する。こうした観光施設のほとんどが外国の名前を冠したことからもわかる通り、典型的な外来型、模倣型の観光開発であり、「テーマ」の一部に地域性が反映されているに過ぎなかった。さらにそれを追うように、バブル期の後半には「リゾートブーム」が全国に拡大していく。こうした「観光施設」では地域性も、地域社会との結びつきもほとんど考慮されることなく、画一的な「リゾート計画」が作成され、実際に開発が進められていった。

　ところが、バブル経済が終焉を迎えた1990年代以降、こうした観光産業のあり方は大きな限界に突き当たることになる。巨大リゾート開発に行きつい

た観光産業の成長が地域環境や地域社会に負のインパクトを与えたことも問題だったが、それよりも深刻だったのは、観光が経済成長と経済効率性を追求した結果として現れた「画一化・均質化」の問題であった。観光の「地域離れ」、つまり観光から「地域独自の魅力」が失われていく現象である。外来型・外発型＝誘致と模倣による観光開発が拡大再生産的に進められ、地域性を無視して他所で流行ったものを誘致したり模倣したりしていった結果として、地域の特性とはほとんど関係のない画一的な観光施設が観光地を埋め尽くすことになった。「リゾート開発」による巨大なリゾートホテルとリゾートマンションの林立は、この完成された姿として登場することになる。こうしたマスツーリズム型観光開発の成長の結果として、「どこの観光地に行ってもほとんど同じ」という事態が生じた。

観光の均質化と画一化は、「弊害」に対する道義的な批判レベルでの問題ではなく、産業としての観光の持続可能性に関わる問題である。観光は本来、その地域に独自の魅力があることによって成立する。特に、バブル期を境に豊かになった日本の観光客にとって海外旅行も日常的なものとなり、世界中の多様な「本物」を楽しめるようになった。急速に旅慣れていく日本人観光客は、観光への欲求を多様化・高度化させていった。「本物」を求める洗練された観光需要を、模倣によって均質化した観光施設や、地元産ではない食材を使った画一的な料理などで満たすことが難しくなっていく。そのため、観光自体の成長によって生じた「地域離れ」によって「客離れ」が進み、観光産業自体の持続性が掘り崩されていった。その結果、1990年代以降に国内の観光産業は低迷期に入っていくことになる。

こうした中で、由布院温泉が多くの観光客を集めていったのは偶然ではない。これまで述べてきたように由布院のまちづくりは、誘致と模倣による観光振興というそれまでの一般的な観光振興策とは真逆を行くものだった。大規模外部資本の進出を拒み、安易な模倣による観光振興をすることなく、「由布院らしさ」という地域の独自性を追求し、それをつくる作業を地道に続けてきた。こうした観光振興の方法が1990年代から鮮やかな成功を収めたことは、成熟した日本の観光産業において「戦略」が決定的に重要になっていることを示している。

マイケル・E・ポーターと竹内弘高は、企業が競争力を向上させる方法には2つあるとする。1つは、「オペレーション効率」による高度化で、ベストプラクティスを取り入れることで品質や価格、あるいはその背後にある生産管理やマーケティング手法の効率改善を図る方法であり、「同じかあるいは似通った活動を競合他社より・・・・・・もうまく行うこと」*5を意味している。もう1つは「戦略」で、「特色のある製品やサービスを提供し、独自のポジショニングを打ち出して競争する方法」*6である。特に諸産業が成熟期にはいっている先進国の企業にとっては、後者の「戦略」が競争力のカギになる。

　国内の観光地も1990年ごろまでの成長期においてはベストプラクティスを後追いして、それをより高度なやり方で実行することによって競争力を得ることができた。他の産業と同様に、誘致と模倣という伝統的な経済開発のやり方が通用した。しかし、1990年代以降に成熟段階に入った観光産業では、誘致と模倣によってオペレーション効率を競う方法によって競争優位を得ることは非常に難しくなっている。こうした競争環境の変化の中では、観光産業においても「戦略」が重要な意味を持っている。つまり、「新たな製品やサービスのコンセプトを打ち出し、競合他社とは一線を画するような異なる活動を展開する必要がある」*7。

　ただし、観光が他の産業と異なっているのは、「特色ある製品やサービス」が地域全体の特性に依存している点である。そして、地域全体の特性の裏づけとなっているのは、地域独自のライフスタイルである。観光によって他所とは違ったライフスタイルを保全し、その独自性に立脚した包括的な差別化をすることで観光地としての競争力が強化される。由布院のまちづくりは、こうした「戦略」を先取りし、しかも長い時間をかけて実現してきた。

❖**観光における知識マネジメントの重要性**

　そして、こうした戦略を実現するためには、地域の人たちによる主体的で持続的なイノベーションが必要になる。自分たちの地域の独自性を活かすには、独自の方法が必要とされるからである。「戦略は真のイノベーションを必要とする」*8のである。21世紀の経済環境の中で、競争力を生み出す源泉として「知識」の重要性が強調されているのは、こうした独自のイノベーシ

ョンを生み出すのが「知識」だからである。それゆえ、競争環境が急速に変化し、多数者間での激しい競争が行われる中で、持続的に競争力を維持していくためには、地域に存在する多様な知識をいかにマネジメントするかが大きなカギになる。

　現在の観光まちづくりでは、多様な地域資源の活用が求められている。しかし、魅力的な資源があることと、それを観光振興に活用することの間には容易には越えがたい大きな壁がある。地域の魅力は、地域の住民や事業者の知識と結びついており、こうした知識は人々の思いや考え方といった暗黙知に根差しているからである。そうであればこそ、「壁」を越えるためには地域内で知識をマネジメントする方法が必要になる。

　「地域」という同じ場を共有していることは、暗黙知の交流を可能にする点で大きな意味を持っている。しかし、具体的な仕組み＝「場」が設けられなければ、知識の交流は生まれない。時間をかけて暗黙知を共有する場や、それを形にしてより多くの人たちを巻き込んでいくための場も必要とされる。地域特性を強化して観光に活用する由布院のまちづくりの戦略は、こうした場をつくり、地域の人々が持っている多様な知識をマネジメントすることで実現されている。動的ネットワークに見られる知識創造のプロセスは、地域における知識マネジメントの手法として機能している。

　こうした由布院の観光まちづくりの経験は、より大きな文脈から見ると、観光に限らず、地域活性化の方法として重要な意味を持っている。これまでの地域振興では、外部からの誘致や、外部の模倣によって地域経済を振興してきた。しかし、グローバル化が急速に進展する中で地方への工場や企業の誘致は難しくなり、さらには、多極化する激しい競争の中で模倣が陳腐化するスピードも格段に速くなっている。こうした時代環境の中で地域を活性化するためには、自分たちの地域の独自性を強化して他と差別化し、地域内に埋め込まれた固有の知識を交流させてイノベーションを持続的に生み出すことで、戦略的に市場競争力を獲得していく必要がある。「由布院モデル」は、そうした21世紀型の地域振興手法を示しているのである。

　本書の最後に、「由布院モデル」を適用した地域活性化の実践例として、和歌山県田辺市の事例について考察したい。

【観光まちづくりの実践例4】
由布院モデルの展開
——田辺市熊野ツーリズムビューロー

1.「由布院モデル」を適用した観光プランニング

❖和歌山県田辺市の観光振興の始まり

　現在の田辺市は、2005年に5市町村(旧田辺市、中辺路町、本宮町、龍神村、大塔村)の合併によって誕生した。市域内には、2004年に高野山の仏教施設群などとともに「紀伊半島の霊場と参詣道」として世界遺産に登録された「熊野古道」[*9]が通っている。京都から紀伊半島西岸を通って南下する熊野参詣道は、旧田辺市内で東に折れて紀伊山地へ分け入り、中辺路町を通って本宮町にある熊野本宮大社に至る。熊野古道は紀伊半島3県のさまざまなルートを通って熊野本宮大社、熊野那智大社、熊野速玉大社の熊野三山に至るが、そのメインルートがこの「中辺路(なかへち)」である。

　旧田辺市は紀伊半島南部の中心都市として、周辺地域を広く商圏とする商業と、梅やミカンに代表される農業、および林業の集散地として発展したまちで、それまで観光に熱心に取り組んできたわけではなかった。合併を機に熊野古道のメインルートおよびその周辺に点在する温泉地を含む領域となったことで、本格的に観光振興に取り組むための新しい計画が必要とされていた。筆者(大澤)は、田辺市から「きのくに活性化センター」[*10]に委託された「田辺広域観光ビジョン」(2005)、および「田辺市観光アクションプラン」(2006)の作成チームのメンバーとして同地の観光計画づくりに関わった。

　新市が挑む新たな観光の姿を描き出すにあたって「由布院モデル」を意識的に用いたプランニングを行った。「由布院モデル」を適用して観光ビジョン

およびアクションプランを作成する際に、最も重視した点は、
　①「何のための観光なのか？」＝観光振興の目的を明確化すること
　② 住民や観光事業者の間に分野や組織を超えた「横」のつながりをつくること

という2点だった。つまり、由布院モデルの①と②のフェーズを組み込んだ計画をつくることを最重要課題とした。

❖「動的ネットワーク」を取り入れた観光アクションプランづくり

　由布院モデルを使ったプランニングを行った理由は、行政がつくる「観光計画」には一般的な行政計画とは違った特有の難しさがあるからである。観光計画では、策定者である行政が計画の実行者になれない点が、他の分野の行政業務とは異なっている。たとえば、インフラ整備や福祉などの場合には、行政自身がプレイヤーとなって事業を実行して完結させることができる（最近は必ずしもそうではないが）。そのため、「住民参加」によって行政が地域の声を聴きながら計画をつくれば、その計画は実効性のあるものになる。しかし、観光の場合には行政自身は計画を実行するプレイヤーにはなれない。特に、現在の観光振興では「地域資源の活用」が中心的な方法となっているので、地域資源を保有している地域住民や事業者が計画の実行者になる。ところが、現場のプレイヤーからすれば、プレイヤーではない行政（あるいはその委託を受けたプランナー）が決めた行政計画の通りに事を進めるべき理由も義務もない。そのため、行政計画で「何をするのか」を綿密に決めても、計画の実現性はまったく保証されない。

　つまり、観光計画の大きな課題は、「何をするのか」を決めることよりも、「誰が、どうやって」実行していくのかという点にある。現在、全国の市町村および都道府県レベルでも観光基本計画が作成されている。しかし、これらの多くには、「何をするのか」は詳細に書かれているが、肝心の「誰が、どのように」行うのかは書かれていない。あるいは、一応「住民」や「事業者」が主体として書いてあったとしても、彼らを巻き込んで計画を実行していくための具体的な仕組みが書かれていない。結果として、行政がつくる観光計画の多くはほとんど実効性を持っていない。

観光計画にともなうこうした難しさを克服して、プレイヤーが主体的に観光振興に取り組めるようにするためには、彼ら自身が「何をするのか」を決めることが何よりも重要である。自分で決めた計画だからこそ、主体的に実行することができる。そこで、田辺市の観光プランニングにあたっては、計画づくりの過程自体を「動的ネットワーク」をつくるプロセスにするという方法をとった。プランニングの過程に住民の主体的な参加を促し、住民相互で顔を合わせて話し合う場をつくり、それぞれの参加者の相互理解と意識の共有を図りながら、住民や事業者自身が「やりたいこと、できること」を引き出して文書化する作業を繰り返していった。「計画をつくる」という作業を住民や事業者による最初の「実践」の場とすることで、地域内の多様な知識が交流する場をつくりだすことを心がけた。そのため田辺市の観光計画づくりにおいては、筆者個人の意見や、行政が考える「落としどころ」を極力排して、「住民主導」による計画づくりが行われた。

　こうした動的ネットワークをつくるためには、「何のための観光なのか？」というフェーズが最も重要な要素になる。目的と目標の共有と、それへの主体的なコミットメントによって動的ネットワークはつくられるからである。そして、地域の各主体が共有できる大きな目的と目標を実現するための「実践」が必要不可欠であり、そうした協働によって地域の人々のつながりが生まれる。

　それゆえ、計画作成のプロセスを通じて、先の①と②の課題を、
　①′ 観光の目的を明確にするだけではなく、地域の住民と事業者で「共有」すること
　②′ 横のつながりをつくるための具体的な「実践」の場をつくること
というレベルにまで掘り下げることを目指していった。

2. 観光プランニングの過程

❖「何のための観光なのか？」＝観光の目的を設定する

　計画づくりは、「まちづくり」に主体的に関与したいという人たちを集めて、住民相互で話し合うことから始まった。田辺市全域をカバーする計画づくり

だったので、旧市町村ごと、テーマごとに観光関係者以外にも多くの住民に参加してもらい、ワークショップ形式での話し合いを繰り返した。こうした話し合いの場では、「観光のために何をするのか？」ではなく、「何のために観光に取り組むのか？」という課題を設定して、観光はまちづくりのための「手段」であって、自分たちの目指す地域の将来像を実現するために観光に取り組むのだという基本的な方向性を共有していった。

その中で印象的だったのは、熊野古道の語り部（ガイド）[*11]や観光事業者の多くが、「観光のため」という考え方にすでに大きな疑問を持っていたことだった。当時、熊野古道は世界遺産登録直後の「ブーム」に沸いていた。連日旅行会社が送り込むバスツアーによって多くの団体客が訪れ、熊野古道を30分ほど歩いて次の目的地に移動していった。ブームによって「入込観光客数」が右肩上がりに増えることは、送客する側の旅行会社にとって（しばしば受け入れ側の行政担当者にとっても）喜ばしいことなのだが、こうした「観光のための観光」は地域にほとんど恩恵をもたらさないことを住民や事業者がすでに感じていた。

熊野古道沿いには団体客を受け入れられる宿泊施設が多くないので、通過型の団体観光客は市域外の他の宿泊施設へと移動していく。また、こうした観光客は、熊野古道の価値を実感することもほとんどない。足早に移動していく観光客からは、「『熊野古道』なんて言ったって、ただの山道じゃねえか」という声もあがっていた。しかも、こうしたブームがいつまでも続かないことはわかっていた。

世界遺産に登録されたことによって、従来型のマスツーリズムの問題点を自覚した地元の人たちは、自らの地域の価値を守り、伝えることの大切さを深く認識するようになっていた。「少人数でゆっくり時間をかけて歩かなければ熊野の本当の魅力は理解してもらえないし、地域内に泊まることもない。今みたいな観光はやりたくないんや」という地元の人々の良識が「何のための観光なのか」を決めていく土台になった。

そこで、観光振興の出発点として、「熊野の価値を守り、伝えるため」という目的を設定した。すなわち、「熊野古道を使って観光客を増やすために何をするのか？」ではなく、「世界に認められた熊野の価値を守るために、

観光を（手段として）どのように活用していくのか？」という考え方を共有することが計画づくりの最初のステップとなった。

　こうした明確な目的を設定し、共有していく上で「世界遺産」という金看板は極めて有効だった。世界遺産の登録条件は、人類に共通する普遍的な価値を有することである。熊野エリアが世界遺産として評価された点は多々あった。まず、仏教、神道、山岳密教という複数の宗教が問題なく共存していることである。また、熊野信仰は自然崇拝的な要素も持っていて、信仰の対象は周辺の自然環境と一体となっている。さらに、宗教としては珍しくタブー（禁忌）がなく、浄不浄・貴賤の区別なく来訪者を迎え入れてきた。こうした多様性の共存（Diversity）、自然との共生（Ecology）、普遍・無差別（Universality）という21世紀的な価値観を長い歴史の中で実践してきたところに熊野信仰、あるいは熊野古道の世界的価値がある。観光の始まりは巡礼にあるとされるが、参詣道である熊野古道には、まさに観光の原点となるべき価値があったと言える。それだけに、世界から評価された熊野の価値を観光によって守り伝えること、そして、それによって世界水準で評価される観光地になることが、田辺市が取り組む観光の目的となるべきだった。以上のことから、21世紀の観光における世界的な課題である「持続可能性」を掲げ、「世界レベルで評価される持続可能な観光地」になることが目標として設定された。

　こうした観光の目的と目標は一見抽象的なきれいごとのように思われるが、観光振興におけるすべての出発点になる。まず、これによって「入込観光客数」の呪縛から解放される。行政が観光振興に取り組もうとする場合、これが唯一の絶対的な成果指標になることが多い。そのため、行政によるハコモノ観光施設づくりや持ち出しでの人寄せイベントに走ることになる。実際、バブルが弾けた1990年代には、地域振興への期待から観光に取り組む地方自治体が爆発的に増えていく中で、その多くがこうしたマスツーリズム型の観光振興手法を自らがプレイヤーとなって縮小再生産しながら引き継いでいった。田辺市の旧市町村においても、施設型・イベント型の観光振興が行政主導によって行われた時期を経験している[*12]。もちろん観光客数は重要な指標なのだが、それは「目的」ではない。自分たちの地域の特性をきちんと考

え、それに見合った集客数を持続的に確保することが目標なのだという認識を共有することが重要だった。

　また、こうした目的の設定によって、観光事業者以外の地域住民も主体的に観光への取り組みに参加できる。そして、観光を通じて自分たちの地域の価値を見つめ直し、それを保全・活用するような観光のあり方を主体的に考え、実践していくことができる。地域内にはさまざまな利害が存在し、それぞれの事業者の経営方針がある。目的を設定せずに「何をするのか」を決めようとすると、個々の利害や方針にしたがってバラバラな意見が出され、結局声の大きい人の意見が通る。そして、行政への要望ばかりが計画に載せられ、実践段階における実効性がなくなる。こうした事態を避け、分野や組織を超えた「協働」の場をつくるためには、高い目的と目標の設定が必要不可欠だった。

　「熊野の価値を守る」ことの具体的な意味については、第1章で述べたように「地域環境」「地域経済」「地域社会」の3要素を結びつける形で表現された。熊野古道をとりまく「地域環境」は世界遺産に登録されたことによってさまざまな規制の対象となったが、道は日常的に使われなければ荒れていく。規制による保護だけではなく、適正な規模で観光利用することによって生きた状態で道を保全することができる。そして、特に重視したのは「地域社会」であった。熊野古道は信仰と結びついているからこそ価値がある。「信仰」というと大げさになるが、地域の人たちが持っている熊野の自然や神様への尊崇の気持ちと、長い歴史の中で育まれた地域の価値を大事にしようとする「思い」がなければ、熊野古道は「ただの山道」である。また、こうした地域の人たちの信仰心が、「観光のため」の乱開発を防ぐための最大の防波堤になることが期待された。熊野の価値を守るためには、地域の環境や地域の人々の思いを観光によって「地域経済」と結びつけるとともに、逆に地域経済を活性化することで地域環境を保全し、地域社会の「思い」を育んでいく必要があった。

　こうした基本戦略は、後に田辺市熊野ツーリズムビューロー（後述）の「観光基本スタンス」として、「ブームよりルーツ」「乱開発より保全・保存」「マスより個人」「インパクトを求めずローインパクトで」「世界に開かれた

図 4・3 「熊野古道の保全と活用」に見られる 3 要素の結びつき[*14]

観光地を目指す」[*13] というフレーズによって表現されている。こうしたキーフレーズは、熊野地域の特性を見極めて、強化することで、それを観光の最大の魅力として活用するという田辺市の観光の姿勢を表現している。観光の力によって熊野の地域特性を強化するとともに、その独自性によって他の観光地との明確な差別化をする戦略が進められることになった(図4・3)。

また、観光によって3要素を結びつけることの意味を典型的に表現しているのが「語り部」の存在である。世界遺産登録を契機として語り部の有料化が行われ、古道のガイドが一定の収入を生むようになっていた。また、彼らが案内をしながら道を歩くことは古道のモニタリングとなっていて、環境の保全においても大きな役割を担っている。さらに、ワークショップの際に、彼らの「やりたいこと」をあげてもらったところ、「地域の学校を対象とした語り部活動を行いたい」という意見が出た。こうした活動はその後継続的に行われていて、まず地域の人たちが熊野古道の価値を認識しなければならないという彼らの考えが、「地域社会」の思いを育んでいる(図4・4)。語り部に見られるような「地域経済」と「地域環境」「地域社会」の結びつきをより大きくしていくこと、すなわち、熊野の環境や思いを基盤として「地域経

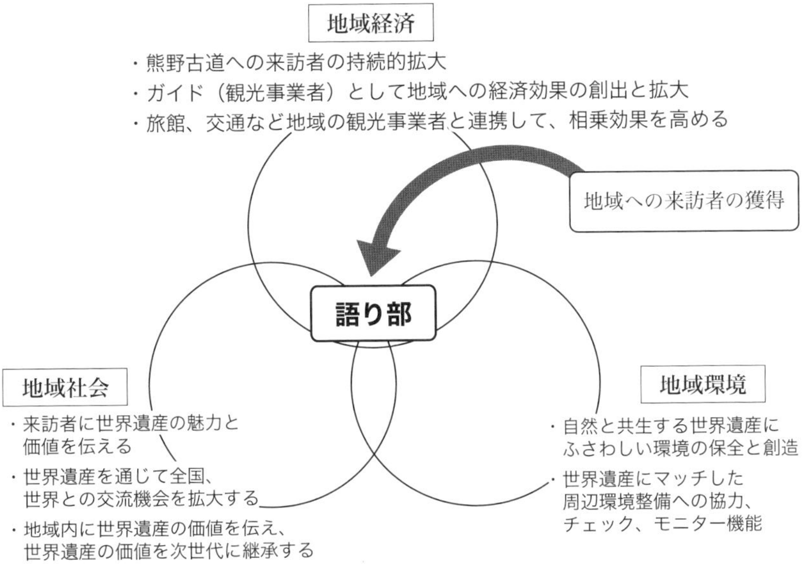

地域経済
・熊野古道への来訪者の持続的拡大
・ガイド（観光事業者）として地域への経済効果の創出と拡大
・旅館、交通など地域の観光事業者と連携して、相乗効果を高める

地域への来訪者の獲得

語り部

地域社会
・来訪者に世界遺産の魅力と価値を伝える
・世界遺産を通じて全国、世界との交流機会を拡大する
・地域内に世界遺産の価値を伝え、世界遺産の価値を次世代に継承する

地域環境
・自然と共生する世界遺産にふさわしい環境の保全と創造
・世界遺産にマッチした周辺環境整備への協力、チェック、モニター機能

図4・4　「語り部」に見られる3要素の結びつき[*15]

済」を振興することによって「持続可能な観光」のあり方、さらには「持続可能な地域」のあり方を地域のより多くの人たちで考え、実践していくことが共通の目的となった。

❖「動的ネットワーク」をつくる

　こうした目的を共有し、実践していくためには、分野や組織を超えた「つながり」が必要とされる。筆者はアクションプランの作成過程が協働による実践の出発点となって、さらに協働の輪が拡がっていくことを期待していた。ただし、ワークショップの繰り返しだけでは限界があり、その後も協働が発展的に拡がっていくかどうかは十分に保証されてはいなかった。特に大きな問題となったのが、合併によって新市を構成することになった旧市町村の連携のあり方だった。これらの市町村はそれまで別々に観光振興を行ってきた経緯があり、加えて、隣接する自治体間には微妙なライバル意識もある。そこで、旧市町村を横断して事業者や住民が「協働」できる事業を具体的につくっていくことが大きな課題となった。

　この課題の中には、旧市町村の観光協会を合併するかどうかという問題も

含まれていた。市町村合併に合わせて観光協会も合併するという選択もありえたが、「まちづくり」を観光の基盤とするためには、住民や事業者と密接な関係にある旧市町村の観光協会を失くすことが得策だとは思われなかった。また、各観光協会の規模も事業内容もまったく違っていたので、統合には困難と反発がともなうと予想された。そのため、最終的に合併はしないという判断をしたのだが、だからと言って個々の観光協会がこれまでと同じように個別に活動していても地域全体の観光振興は進まない。それだけに、組織を横断するつながりを生み出すための具体的な「協働」の場が必要不可欠だった。

そこで、こうした実践の「目玉」として選ばれたのが「外国人誘客」だった。今となっては、このアイディアがいつ、誰から、どのようにして出てきたのかは、定かではない。2年に渡った計画づくりの過程で、関係者によって目的と戦略が暗黙知レベルで共有されていく中で、自然と出てきたアイディアだった。世界に認められた価値を持つ地域として、観光における世界共通の課題である「持続可能性」を目指すという目標と、世界の人々が訪れる地域になろうという実践は非常に整合性があった。しかも、世界中から多様な人たちが訪れることは、あらゆる人たちを区別なく受け入れる場所である熊野の価値とも合致している。そのため、コアメンバー内ではこの戦略目標はすんなりと共有され、地域の人たちも共有できる（してほしい）実践として計画の柱に据えられた。

誘客ターゲットは外国人の中でも欧米からの観光客とした。すでに脱マスツーリズムの段階にあるこれらの地域の観光客に評価されることは「持続可能性」という目的に合致していたし、当時はけっして多くなかった欧米からの来訪者が「日本」を感じられる場所として熊野を高く評価していることも念頭にあった。ただし、熊野古道は団体客を受け入れられる場所ではないので、FIT（Foreign Individual Traveler）＝個人客を中心に誘客する必要があった。このように、熊野の価値を保全・強化し、その特性を効果的に活用することを考えた上で、こうしたターゲットが設定された。

計画作成者としては、実際に外国人を誘客できるかどうかという「結果」はあまり重視しなかった。最大のねらいは、地域の関係者が共通の目標に向かって協働することで分野や組織を超えたつながりをつくることにあった。

「一緒に何かをする（あるいは、せざるをえない）」共通の目標を設定して、そのためにじっくりと話をする、あるいは実際に協働することで暗黙知レベルでの知識の交流が生じる。それによってイノベーションが起こることで、結果的に外国人誘客ができれば良いというのが基本的な考えだった。もちろん、こうした意図は計画に書かれていない。

しかし、当時はまだ「インバウンド」という言葉も一般的には使われていなかった中で、紀伊半島の奥にある人口8万人程度の一地方都市が欧米からの個人客を誘客するというのは前例のない挑戦だった。それだけに、この戦略目標は、当時の田辺市の住民や観光関係者にとってもかなり現実離れしたもので、共有しにくいものだった。そのため、協働を実際に行っていくためには、知識創造のプロセスをさらに進めて、「外国人誘客」というコンセプトを具体的に形式知化して示す必要があった。

❖田辺市熊野ツーリズムビューローをつくる

そこで、旧市町村の観光協会を横断する新組織「田辺市熊野ツーリズムビューロー（以下、熊野TB）」をつくることになった。合併した市町村で旧観光協会を残す場合には、各組織を結ぶ「連絡協議会」などがつくられることが多い。しかし、こうした組織は本当に「連絡」や「情報交換」だけの組織になり、戦略を共有したり、協働したりする場となることがほとんどない。そのため、熊野TBには「外国人誘客」という具体的で明確な機能を担わせ、それによって各観光協会を横につなぐ「協働」の場づくりを進めることにした。

このように田辺市の場合には、「組織」を先行的につくることで参加者の主体的なコミットメントによる「この指とまれ」方式でつながりをつくることにした。これには、いくつかのねらいがあった。

1つには、外国人誘客への取り組みを持続的に行っていくためである。参加者の主体性による「動的ネットワーク」の問題点は、強いリーダーシップがなければ持続しないことである。計画づくりの段階ではある程度盛り上がっても、リーダーが持続的に参加者の熱意を引き出せなければ、つながりは徐々に消滅する。観光に取り組んで間もない田辺市で、こうしたリーダーシップを持った人材が観光振興を主導できるかどうかは不明確だった。また、

欧米からのFITの誘客を実現するためには、息の長い持続的な取り組みが必要だった。そのため、組織としての裏づけを持つことによって、よりリーダーシップが発揮しやすいような環境を先につくることで動的ネットワークの持続性を高める必要があった。

　もう1つには、行政の意思決定機構からの自由度を高めるためである。外国人誘客という新しい挑戦を行うためには、ゼロからすべてを積み上げていくような持続的で多発的なイノベーションが必要とされた。行政（および、それと深く結びついた旧市町村の観光協会）のヒエラルヒー型の意思決定を介在させると、そうしたイノベーションのスピードが遅くなる上に、単発・散発的にしか新しいことができないことが予測された。こうした危険性を避けるために、自律的な意思決定によって、自主的に動ける組織を先につくる必要があった。予算面でも自立性を高めるために、熊野TBには行政からの基礎的補助金は入れずに、すべて事業委託として公的資金を入れる形にした。行政との密な連携は必要であったが、組織としては外部事業者と同様の立場になっていて、これは今でも変わっていない。また、発足以来事務局長は田辺市からの出向者が務めているが、行政の意向を熊野TBに伝えるのではなく、逆に熊野TBの意向を行政と調整する役割を担っている。

　行政からの独立を志向したもう1つの理由は、本来観光はビジネスであって、そのために必要とされるマネジメントやマーケティングといった知識は行政の守備範囲を大きく超えているからである。他の「地方」と同様に、合併した旧市町村も行政依存によって観光振興を行ってきた時期があったことはすでに述べた。しかし、行政は観光振興においてプレイヤーにはなれないという点からも、またビジネスとして「地域経済」への効果を生み出すためにも、アクションプランでは「民間主導」への切り替えを強く打ち出した。それゆえ、熊野TBもまた民間目線での活動ができる民間の組織である必要があった。

　ただし、古道の整備やサインの統一といったインフラ整備は行政にしかできない。また、県や国といったより大きな行政との連携の場面でも田辺市の担当課の役割は重要である。しかし、こうした田辺市役所などの行政にしかできない分野についても、「行政主導」によって役所の論理にしたがって行う

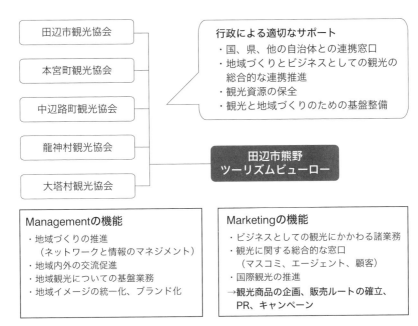

図4・5　田辺市における観光推進体制（出典：「田辺市観光アクションプラン」を元に筆者作成）

のではなく、熊野TBが行う誘客事業に合わせて行政との対等な連携の中で進めることが重要だった。たとえば、熊野古道沿いには、市、県、国が設置したサインが、それぞれの色や形式が不統一なままに配置されていた。しかもローマ字表記のある・なし、また地名や施設名の表記方法も統一されていなかった。これでは外国人客が混乱する。こうしたインフラも、熊野TBのイニシアティブによる横の連携の中に市、県、国といった各レベルの組織が「行政参加」することで整備される必要があった。

　田辺市が観光に取り組むための組織図は、アクションプラン作成段階では図4・5のようになった。

　この組織構成は、現在政府の観光施策として各地に設立されているDMO（Destination Management/Marketing Organization）を先取り的に実現したものである。旧市町村の観光協会をそのまま残したのは、Management（地域資源と地域の人々のマネジメント＝「つながり」づくり）の機能を担うためである。他方で、外国人誘客という大きなMarketingは既存の観光協会や行政の

第4章　観光まちづくりにおける「由布院モデル」

力をはるかに超えるものであり、それに向けて住民や事業者はもとより、旧市町村の観光協会や行政が連携する場として熊野 TB がつくられている。この組織構成で重要なことは、マーケティングの機能を分離・明確化しただけではなく、外国人誘客に向けた「動的ネットワーク」として、分野や組織を横断して多様な知識が交流する場として熊野 TB を位置づけていることである。

　ただし、熊野 TB の組織づくりはリーダーシップが発揮されるための条件整備であったが、逆に組織としての型通りの運営を行うと、硬直性とルーティン化を招く危険性もあった。この点で、熊野 TB 会長である T 氏が適切なリーダーシップを発揮して、外国人誘客という目標に向けて各観光協会や各レベルの行政がフラット（対等、水平）な立場で分野・組織横断的な連携を行うように熊野 TB を機能させていった。彼女は現在も会長を務め、観光客と地域の両方を対等な立場からサポートする「中間支援組織」としての役割を明確化して、熊野 TB の活動を持続的に発展させている。

　また設立と同時に、熊野 TB の専門職員として「国際観光推進員」のポストを設け、カナダ人を雇用することになった。外国人専門スタッフの雇用は田辺市では初めてのことであり、全国的にもほとんど先例のない試みだった。このポストに就いた B 氏は、もともと旧本宮町で ALT（外国語指導助手）として働いた経験を持っていて、熊野の魅力を深く理解し、愛していた。そのため、「熊野の価値を守るための観光」という目的も、この地域を「世界レベルの持続可能な観光地にする」という目標も的確に暗黙知レベルで共有できていた。逆に言えば、このことが、彼が雇用された決定的な理由だった。

　当初想定していた B 氏の役割は、海外向けプロモーション戦略の作成と実行であり、実際彼はその分野で大きな力を発揮した。実のところ、筆者が彼に期待した役割は、田辺市が外国人誘客に本気で取り組むという意思と姿勢を地域内の人々にわかりやすく示す象徴となることだった。ただ、こうした意図を超えて、彼の強いリーダーシップによって、地域内の多様な知識をマネジメントする「動的ネットワーク」がつくられることで数々のイノベーションが生まれることになった。このことは次節で詳述する。

　2006 年の「田辺市観光アクションプラン」によって決められたことはここまでだった。この観光プランには、住民の意向に沿って「何をするのか」も

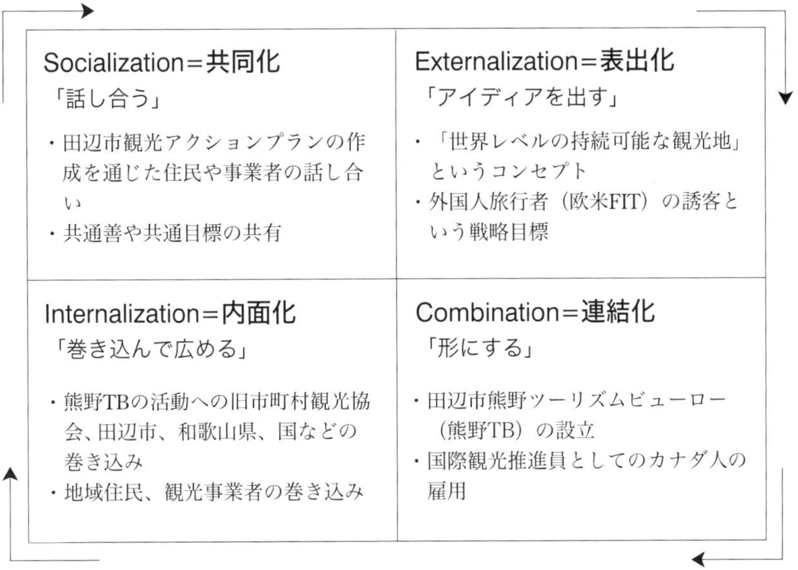

Socialization＝共同化 「話し合う」 ・田辺市観光アクションプランの作成を通じた住民や事業者の話し合い ・共通善や共通目標の共有	Externalization＝表出化 「アイディアを出す」 ・「世界レベルの持続可能な観光地」というコンセプト ・外国人旅行者（欧米FIT）の誘客という戦略目標
Internalization＝内面化 「巻き込んで広める」 ・熊野TBの活動への旧市町村観光協会、田辺市、和歌山県、国などの巻き込み ・地域住民、観光事業者の巻き込み	Combination＝連結化 「形にする」 ・田辺市熊野ツーリズムビューロー（熊野TB）の設立 ・国際観光推進員としてのカナダ人の雇用

「外国人誘客」に向けてSECIプロセスを駆動させる要件
- 「熊野の価値を守る」ための観光という共通善、および「外国人誘客」という共通目標の設定と、それへの主体的なコミットメント
- 旧市町村の観光協会や観光事業者、住民の分野／組織を超えたつながり
- 住民や事業者、他の組織を巻き込んで動かしていく熊野TBのリーダーシップ

図4・6　田辺市観光アクションプランの作成における知識循環とそのための要件

書き込んだが、それを詳細に書くことはしなかった。というのも、計画に書いてあることを粛々と進めているだけでは、当初想定していなかったイノベーションは起こらないからである。実際に取り組みが始まれば、「何をするのか」の内容は大きく変更される可能性があったし、そうなるべきでもあった。地域の住民と事業者が由布院モデルの③のフェーズ「何をするのか」を持続的に変化させながらブレない観光振興を行っていくために、①と②のフェーズをきちんと構築することによって大枠を定めることがプランの役割だった。

　アクションプラン作成の過程を知識創造のプロセスによってまとめると図4・6のようになる。

3. 田辺市熊野ツーリズムビューローの活躍とイノベーション

❖ **外国人誘客のためのプロモーション**

　熊野TBは、会長のT氏と国際観光推進員のB氏のリーダーシップの下で、「外国人誘客」という目標に向かって、住民や事業者、さらには関係組織を分野・組織横断的に巻き込んでいく協働の場をつくる活動を始めることになった。

　最初に取り組んだのは、外国人へのプロモーション活動だった。やるべきことは、不特定多数に向けた「情報発信」ではなく、ターゲットに向けて適切に熊野の情報を届け、彼らが熊野に行きたいという思いを持つように働きかけることだった。こうした活動には模倣できる先行例がなかった。

　プロモーションの活動は、海外メディア向けのプレスツアー（ファムトリップ）から始まった。ただし、これも単に地域情報を発信するだけではなく、地域内の人たちを巻き込んで海外メディアと交流させることで、住民や事業者の意識を変革していくとともに、外部に熊野の本当の価値が伝わるように配慮されていた。そして、2008年からはスペインのサンティアゴ・デ・コンポステーラ市との共同プロモーションが開始された。数多くある世界遺産の中で、当時は「道」の遺産は熊野古道とサンティアゴの巡礼路だけだった。そこで、互いにアライアンスを組むことで、ウェブサイトでの相互リンクや共同パンフレットの作成などを行った。また、情報発信ツールとして、外国人個人客の多くが利用しているガイドブックである「ミシュラン」や「ロンリープラネット」を重視したプロモーションを行った。もちろん、インターネットによる情報発信も手厚く行っている。これらはいずれも熊野古道の特性から考え出され、絞り込まれたターゲットを狙った独自のプロモーションだった。

❖ **地域の「知識」のマネジメントによる受け入れ態勢づくり**

　「国際観光推進員」としてのB氏の活動でとりわけ重要だったのが、地域の内部に向けた取り組みだった。彼は巻き込み型のリーダーシップを発揮し

て、外国人の受け入れ態勢をつくるためのさまざまな活動を提起し、丁寧に地域の人たちの主体性を引き出していった。それによって、外国人誘客に向けた地域の人々の主体的なコミットメントによる、分野や組織を超えたフラットなつながりが地域内部につくられていった。この点で、外国人としての彼の立場は大きな効果を持っていた。第2章で、観光によってもたらされる外部との接触・交流には、内部にある既存の地域社会の構造を解体する作用があることを述べた。田辺市の場合には内部のスタッフとして「外の人」が入ることで、これから誘客すべきターゲットが明確に「見える化」されるとともに、地域内部にほとんどしがらみがない彼を触媒として既存の地域構造にとらわれない分野・組織横断的なフラットなつながりがつくられていった。

その象徴的な例が、B氏が中心となって行われた「コミュニケーションレベルアップセミナー」である。このセミナーは熊野地域が外国人個人客を受け入れるための内部環境を整えるために開催された。外部に向けたプロモーションを行っても、宿泊や交通事業者をはじめとする観光事業者や住民が「外国人客などいらん」ということになれば、来訪者から評価される観光地にはならないし、何よりも地域内に経済効果が発生しない。そのため、外部に向けたPRと内部の受け入れ態勢整備を同時進行で行う必要があった。

このセミナーでは、外国人を迎え入れるために「こうすべし」ということを教育するのではなく、地域の人たちが「どうやったら受け入れできるか」をB氏と一緒に考えることで、関係者の主体的なコミットメントが引き出されていった。たとえば、外国人観光客に対応するための英語を教えるのではなく、外国人との文化的な違いを理解し、相手が求めるものを想像しながら英語を使わずにコミュニケーションする方法を事業者が自ら考えるような講習が繰り返し行われた。延べ60回以上開催されたセミナーに、旅館やその従業員、交通事業者はもちろん、神社の巫女までがフラットな立場で参加することによって、地域の人々のさまざまな知識とB氏が持つ「外国人目線」の知識との交流が進められた。

こうした場を通じて、独自のコミュニケーションのテクニックやツールのアイディアが生み出され、実際に現場で活用されていった。たとえば、日本語と英語で同じ質問と答えが併記されている簡単なシートは、これを指さ

しながら地域の人たちと外国人観光客が必要な情報を共有できるようになっている。従来のコミュニケーション手法とは異なった数々のイノベーションによって、地域の観光事業者が外国人対応に大きな自信を持つとともに、外国人がストレスなく熊野古道を訪れられる環境の整備が行われていった。

　また、先に述べたような不揃いな古道沿いのサインもすべて、熊野TBが主導することで統一されていった。サインの色やテイストとともに、多言語表記にせずにローマ字表記のみを加えることや、地名等の表記の統一といった細かな調整が行われた。こうしたさまざまなイノベーションや改善は、外国人誘客という共通の目標に向かって、行政を含む関係組織が相互に対等の立場に立って協議・連携しなければ実現できないものだった。

❖着地型旅行会社「熊野トラベル」の設立

　そして、熊野TBの活動をさらに広げるイノベーションとなったのが、着地型旅行会社「熊野トラベル」の設立だった。海外の観光客へのプロモーションが軌道に乗り、現地の受け入れ態勢が整えられるにつれて、観光客と現地事業者の両者を効果的につないで観光客を現地まで運ぶ方法が必要だと認識されるようになった。欧米からの観光客が熊野古道に行きたいと思っても、宿や移動の予約ができるようにしなければ彼らは現地の観光事業者を利用できない。また、熊野古道は数日をかけて徒歩で移動することになるので、弁当や重い荷物の配送サービスなども外国人が利用できるようにする必要があった。

　そこで、インターネット上から熊野地域の宿泊施設や各種サービスを外国語で予約できるサイトを立ち上げ、熊野トラベルが運営することになった。インターネットによる予約はもはや当たり前のことになっているが、地域のすべての事業者が利用しているわけではない。実際のところ、ウェブ上の予約サイトに載っていない民宿や、英語での予約やカード決済の仕組みを持っていない宿も多かった。しかし、逆にこうした宿のほうに外国人は「熊野らしさ」を感じるので、積極的に活用すべき観光資源だった。そこで、地域に特化した予約サイトをつくり、外国語での予約申し込みを翻訳して地域の事業者に伝えることで、予約と決済もできるようにした。つまり、熊野トラベ

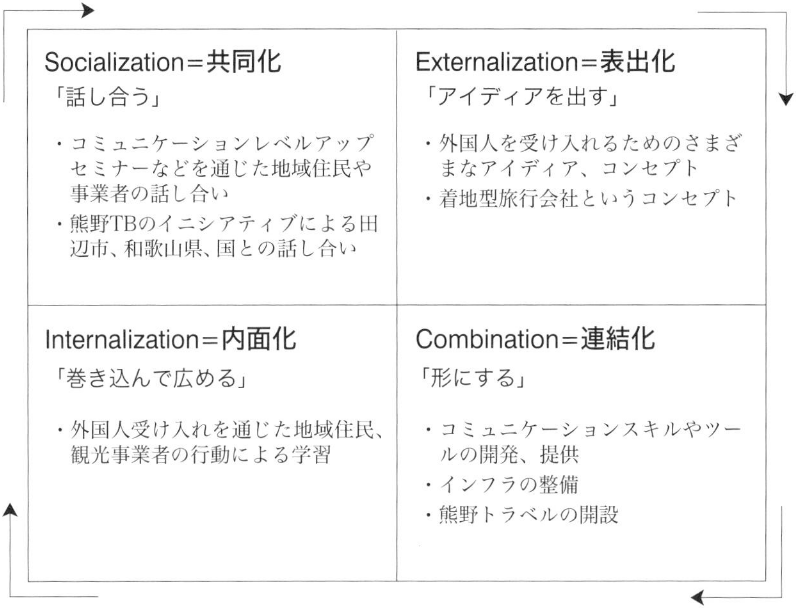

Socialization＝共同化 「話し合う」 ・コミュニケーションレベルアップセミナーなどを通じた地域住民や事業者の話し合い ・熊野TBのイニシアティブによる田辺市、和歌山県、国との話し合い	Externalization＝表出化 「アイディアを出す」 ・外国人を受け入れるためのさまざまなアイディア、コンセプト ・着地型旅行会社というコンセプト
Internalization＝内面化 「巻き込んで広める」 ・外国人受け入れを通じた地域住民、観光事業者の行動による学習	Combination＝連結化 「形にする」 ・コミュニケーションスキルやツールの開発、提供 ・インフラの整備 ・熊野トラベルの開設

SECIプロセスを駆動させるために必要とされた要件
- 外国人個人客の誘致という目標の共有
- 地域の観光事業者や住民、各レベルの行政の、分野／組織を超えたつながり
- 住民や事業者、関係組織を巻き込んで動かしていく熊野TB会長と外国人スタッフのリーダーシップ

図4・7　外国人誘客の取り組みにおける知識循環とそのための要件

ルが言語と予約と決済の壁を取り除く仕組みをつくることで、観光客にも地域の事業者にもプラスになる「中間支援サービス」を提供している。これは、従来の予約や決済の仕方を変革する画期的なイノベーションであるとともに、未開拓だった新しい市場を地域の観光事業者に開くことにもなった。

　熊野TBの活動を、知識創造のプロセスとしてまとめると図4・7のようになる。

4. 田辺市での実践と「由布院モデル」

❖田辺市での成果

　自分たちの価値を保全し、地域の特性を強化するという目的に向けて、地域の関係者による持続的なイノベーションが繰り返されることによって、田辺市を訪れる外国人観光客は着実に増加している（図4・8）。外国人インバウンド観光客の増大は全国的な現象だが、いわゆるゴールデンルートを移動するアジア系観光客の増大とは違って、田辺市は欧米豪からの観光客が過半を占めている。このことは、全体的なトレンドによって観光客が増えたのではなく、田辺市の戦略による成果だということを示している。

　また、2011年の開業以来、熊野トラベルも大きな成果を上げている（図4・9）。開業初年度の2011年は東日本大震災の年であり、熊野地域では大水害のあった年だった。苦難の中でのスタートだったが、2013年度には1億円に近い売上高となり、その後も順調に取扱量を拡大して、2017年度には3億6000万円ほどになっている。着地型旅行会社というイノベーションが加わることで、国内外から予約を受け付けることができるようになったので、旅館などの新規事業者が開業しやすくなり、さらなるイノベーションの連鎖が発展的に生まれる環境が整えられている。こうした過程を熊野TBの会長は「行き当たりばったり」と表現するが、それは共有された確固たる目標に向けて、柔軟なイノベーションの繰り返しによってその時々の課題をクリアしてきたことを意味している。

　そして、熊野地域はロンリープラネットなどの世界的な観光情報メディアからも「訪れるべき観光地」[16]として高い評価を受けるような「ブランド」として認知されるようになった。地域特性にこだわり抜いた差別化によって、こうした「ブランド化」が実現されている。また、旅行情報誌だけではなく、世界的な観光機関であるWTTC（World Travel & Tourism Council）による"Tourism for Tomorrow Award"（明日へのツーリズム賞）の2012年「デスティネーションの管理部門」において、最終候補3地域の中の1つに選ばれた。こうして熊野地域には名実ともに「世界レベルで評価される持続可能な観光地」へと着実な歩みを続けている。

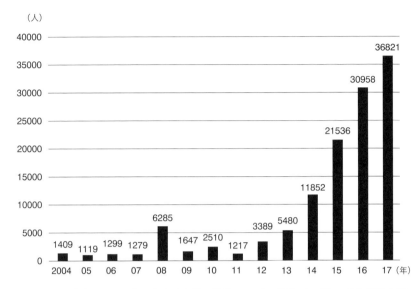

図 4・8　田辺市内における外国人宿泊者数の推移。2008 年は田辺市で第 10 回国際合気道大会が開催された（出典：田辺市観光振興課の資料を元に筆者作成）

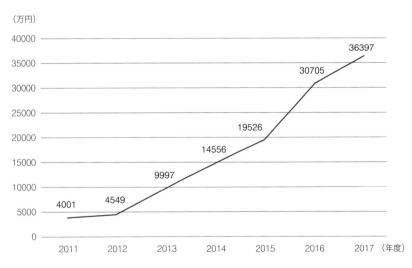

図 4・9　「熊野トラベル」旅行事業売上高（出典：田辺市熊野ツーリズムビューローの記者発表資料を元に筆者作成）

❖田辺市の成功の鍵

　田辺市の事例は、DMO の成功例として多くの注目を集めている。また、現在各地が取り組もうとしているインバウンド観光の先行例としても注目され、視察者も数多く訪れるようになった。ただし、かつて由布院の成功に惹かれて集まった多くの視察者たちが、由布院モデルの③のフェーズである「何をしたのか」を知ろうとしたのと同じように、熊野 TB が行った数々の活動内容自体が視察者たちの関心事になっている。もちろん熊野 TB が行った革新的な取り組みの数々には参考にすべき点が多いが、それらは熊野古道という固有の資源に合わせて編み出された独自のものであり、他所での安易な模倣が必ずしもうまくいくわけではない。

　それゆえ、その成功の核心は「何をしたのか」という点よりも、由布院モデルのフェーズ②である「誰が、どのように」観光振興を進めたのかという点にある。地域特性を基盤とした観光振興のプロセスを進めていく上で、何よりも重要なのは地域の人たちの「思い」と深く結びついた「知識」である。地域内に存在する多様な知識を最大の資産として、それをマネジメントすることが観光振興のために最も重要である。熊野 TB 会長の T 氏や外国人スタッフ B 氏の巻き込み型のリーダーシップによって個人や組織の主体性が引き出され、地域内に分野や組織を横断するフラットな新しいつながりがつくられることで、そうした知識のマネジメントが効果的に行われてきた。自分たちの地域の特性を保全・強化するために「外国人誘客」という目標を設定したこと、その目標を共有するための時間をかけた話し合いをしてきたこと、そして、コンセプトを具体的な形にして地域を巻き込む努力を続けてきたこと、こうした現場のプレイヤーの知識の交流を促す知識創造のプロセスが、地域の特性に合わせて観光のあり方を変革する持続的で多発的なイノベーションを生んでいる。

　そして、こうした取り組みの出発点になっているのは、由布院モデルのフェーズ①である「何のための観光なのか？」という理念である。分野や組織を超えたフラットな人々のつながりによって繰り返された実践の過程は、「何のための観光なのか」を関係者間で共有することから生まれている。自分たちの地域の独自性を見つめ直し、「熊野の価値を守るため」という共通善を

置くことによって、田辺市の人々や各組織の横のつながりはつくられている。そのつながりの中で、自分たちの地域の価値を保全・活用し、観光客とシェアするために何をするのか、ということを地域の人たちが主体的に考え続けた過程が田辺市の観光振興の歩みである。

注
* 1 「観光まちづくり」が抱えるこうした困難については、大澤健〔2010〕pp.67-73、および大澤健〔2018〕pp.98-99 にまとめている。
* 2 興味深いことに、この3つの要素はコリンズ, ジェームズ C.〔2001〕が「針鼠の概念」と呼ぶものに似ている。そこでは、偉大な業績に飛躍した企業には、「自社が世界一になれる部分」「経済的原動力になるもの」「情熱をもって取り組めるもの」という3つの円が重なる部分をすべての行動の指針として愚直に守っているという共通の法則があると述べられている (pp.187-189)。
* 3 中谷健太郎〔2006b〕p.200
* 4 このことは、光本伸江〔1999〕および同〔2007〕や米田誠司〔2011〕に詳しい。
* 5 ポーター, マイケル E., 竹内弘高〔2000〕p.138（強調は原著による）
* 6 同上
* 7 同上、p.139
* 8 同上
* 9 「熊野」という呼称は、厳密な地理的境界については諸説あるが、大まかに紀伊半島南部の広域的なエリア（和歌山県および三重県の南部地域）を指している。
* 10 和歌山大学と和歌山県南部の市町村によって設立された地域シンクタンク組織。
* 11 熊野古道エリアの「語り部」については、大澤健、江本みのる〔2006〕を参照。
* 12 1990年代における和歌山県南部の観光振興の状況については、大澤健〔2010a〕を参照。
* 13 「田辺市熊野ツーリズムビューロー」パンフレットによる。
* 14 田辺市〔2006〕p.58 の図を元に筆者が作成。このアクションプランには、個々の事業案の最初に『何のために』するのか」が3要素を配した図によって書かれている。図に示した3要素のそれぞれの文言は田辺市〔2006〕に記載されていたものをそのまま引用している。
* 15 同上、p.53 より作成。
* 16 『Lonely Planet's Best in Travel 2018』では、熊野古道を含む紀伊半島エリアが世界で第5位にランキングされている。

あとがき

　本書を執筆するにあたって、多くの人たちからの協力と尽力を受けた。とりわけ、広範囲にわたって何度も繰り返されたインタビューにお付き合いいただき、膨大な情報と地域への思いを語ってくださった由布院の多くの関係者に心から感謝したい。中でも、まちづくりのリーダーであった中谷健太郎氏と溝口薫平氏には何度もお話を伺い、本書のアイディアにご意見をいただいた。厚く御礼申し上げたい。また、田辺市の事例をまとめるにあたって、田辺市熊野ツーリズムビューローの会長である多田稔子氏と、田辺市や熊野地域の多くの方々から恩恵を受けた。合わせて謝意を表したい。

　ただし、本文では彼らの名前を直接使うことなく、N氏やM氏、K旅館やT旅館という表記を意図的に使っている。固有名詞を使わなかったのは、「カリスマがいたからまちづくりができた」という従来からの理解を改めたいという思いがあったからである。由布院が著名な観光地となる上で、彼らが与えた影響が大きかったことは言うまでもない。しかし、彼らの個性だけに成功の原因を求めることは、逆に彼らがやってきたことを矮小化してしまう危険性がある。彼らが先駆的に成し遂げた「観光まちづくり」のエッセンスは、他所にも適用可能なものであり、それを理論モデルとして抽出して描き出すことが本書の中心的な課題だった。

　実際、由布院モデルを適用した田辺市の観光振興は大きな成果を収めることになった。もちろん、田辺市の実践例もまた、卓越したリーダーシップを発揮した人たちと、地域の多くの方々の知恵と努力、そして、いくつかの幸運によって達成された。しかし、安易な誘致や模倣に頼ることなく、自分たちの地域の価値を信じ、地域のさまざまな人たちの思いを信じたという点は、両方の地域に共通している。観光振興において、こうした「思い」がすべての土台となっている点は、きちんと評価すべきだと考えられる。

　これらの地域の経験から多くのことを学ぶことで本書は成り立っている。ただし、本書の内容についての責任は、もちろんすべて筆者にある。由布院や田辺市の方々が取り組んだ観光まちづくりの経験を十分に考察できたという確証はないが、これらの地域の経験から何かを学んで観光振興に役立てた

いと考える人たちに、本書が提示した「由布院モデル」がいくつかのヒントを提供できていれば幸いである。

　なお、本研究は科研費（基盤研究C）「観光における『まちづくり』の意味と知識循環型クラスターについての研究」（研究代表者：大澤健、平成27〜30年）の助成を受けて行われたものである。

2019年2月
大澤健、米田誠司

引用・参考文献

- アーカー, デービッド〔2014〕『ブランド論』阿久津聡訳、ダイヤモンド社
- 阿部誠〔1993〕「大分県の地域活性化活動とその経済効果に関する調査研究　IV．湯布院町―住民主体のまちづくり―」大分大学経済研究所『研究所報』第27号
- 阿比留勝利〔2010〕「まちづくりからの観光振興―参画と協働によるコミュニティの文化開発からの接近」『城西国際大学紀要』18巻6号
- アーリ、ジョン〔1995〕『観光のまなざし』法政大学出版局
- アーリ、ジョン〔2003〕『場所を消費する』法政大学出版局
- 石井淳蔵〔1999〕『ブランド　価値の創造』岩波書店
- 石井淳蔵、高橋一夫編〔2011〕『観光のビジネスモデル　利益を生み出す仕組みを考える』学芸出版社
- 石橋康正〔2014〕「市町村合併がもたらした『問題』」林良嗣、黒田由彦、高野雅夫、名古屋大学グローバルCEO「地球学から基礎・臨床環境学への展開」編『中国都市化の診断と処方開発・成長のパラダイム転換』明石書店
- 伊藤洋典〔2013〕『「共同体」をめぐる政治学』ナカニシヤ出版
- 伊藤雄〔1997〕「湯布院映画祭―湯布院映画祭をやっている理由」『地域開発』396号、日本地域開発センター
- 猪爪範子〔1980〕「まちづくりと観光」清成忠男、森戸哲、猪爪範子、斉藤睦『地域の文化を考える』日本評論社
- 猪爪範子〔1989〕『まちづくり文化産業の時代　地域主導型リゾートをつくる』ぎょうせい
- 猪爪範子〔1992〕「湯布院町における観光地形成の過程と展望」『造園雑誌』55 (5)、社団法人日本造園学会
- 猪爪範子〔1994〕「湯布院町の地域形成における住民意識の変化」『造園雑誌』57 (4)、社団法人日本造園学会
- 猪爪範子〔1994〕「湯布院町における農村景観をめぐる争点の歴史的変遷に関する研究」『造園雑誌』57 (5)、社団法人日本造園学会
- 猪爪範子〔1997〕「まちづくり型観光地の形成―住民運動の展開と仕組み―」鈴木廣、木下謙治、三浦典子、豊田謙二編　『まちを設計する―実践と思想―』九州大学出版会
- 今村都南男、金井利之、嶋田暁文、光本伸江〔2006〕「大分県湯布院町の《まちづくり、その後》―湯布院町役場編―」『自治総研』330号
- 今村都南男、金井利之、嶋田暁文、光本伸江〔2006〕「大分県湯布院町の《まちづくり、その後》―由布院観旅編―」『自治総研』331号
- 岩崎正弥〔2016〕「内発的観光まちづくりの仕掛けづくり―人材育成の視点から―」安福恵美子編著『観光まちづくり再考―内発的観光の展開に向けて―』古今書院
- 岩淵泰〔2007〕「『生活型観光地』と住民自治―大分県湯布院町の『まちづくり運動』から―」『熊本大学社会文化研究』5
- 梅川智也、堀木美告〔2009〕「観光まちづくりの現状と動向」『日本造園学会誌』73巻2号
- 梅川智也〔2012〕「『観光まちづくり』はどこに向かうのか」『都市計画』第295号
- 浦達雄〔2000〕「湯布院温泉における小規模旅館の経営動向」『大阪明浄大学紀要　開学記念特別』大阪観光大学
- 王昊凡〔2014〕「岐路に立つ癒しの里・由布院温泉」林良嗣、黒田由彦、高野雅夫、名古屋大学グローバルCEO「地球学から基礎・臨床環境学への展開」編『中国都市化の診断と処方開発・成長のパラダイム転換』明石書店
- 大銀経済経営研究所〔1998〕「『あそびごころ』を活かした持続的地域づくりへの展望」NIRA（総合研究開発機構）助成研究
- 大社充〔2013〕『地域プラットフォームによる観光まちづくり　マーケティングの導入と推進体制のマネジメント』学芸出版社
- 大澤健〔2010a〕「1990年代の紀南地域の観光振興手法について」『研究年報』第14号、和歌山大学経済学会

- 大澤健〔2010b〕『観光革命―体験型・まちづくり・着地型の視点』角川学芸出版
- 大澤健〔2012〕「1990年代の和歌山県における観光振興手法について」『経済理論』第368号、和歌山大学経済学会
- 大澤健〔2017〕「観光振興におけるオンパク手法の有効性と『御坊日高博覧会』についての考察」『和歌山大学地域研究シリーズ』51
- 大澤健〔2018〕「『観光まちづくり』の理論的課題」『経済理論』第392号、和歌山大学経済学会
- 大澤健、江本みのる〔2006〕「世界遺産地域における『語り部』の現状と今後の課題」『研究年報』第10号、和歌山大学経済学会
- 大橋商一〔2009〕「観光地コラボレーション理論の展開―コミュニティ基盤観光経営理論のいくつかの枠組み―」『研究年報』第13号、和歌山大学研究学会
- 大橋商一〔2010〕「ローテク産業部門のイノベーション論―観光経営イノベーション論構築のための1章―」『研究年報』第14号、和歌山大学経済学会
- 大森彌〔2008〕『変化に挑戦する自治体』第一法規株式会社
- 岡崎昌之〔1995〕『地域経営』放送大学教育振興会
- 岡田知弘〔2009〕『地域再生　一人ひとりが輝く』新日本出版社
- 岡田知弘〔2008〕「農村リゾートと複合的発展―温泉のまち・由布院を事例に」中村剛治郎編『基本ケースで学ぶ　地域経済学』有斐閣ブックス
- 岡部明子〔1999〕「一万人のまちづくり　大分県湯布院町」『造景』22号、建築資料研究社
- 岡村祐、野原卓、西村幸夫〔2009〕「我が国における『観光まちづくり』の歴史的展開―1960年代以降の『まちづくり』が『観光』へ近接する側面に着目して―」『観光科学研究』第2号、首都大学東京大学院都市環境科学研究科地理環境科学専攻観光科学専修
- 奥田道大〔1988〕「住民の自己組織力―戦後日本の大都市地域を中心として」『応用社会学研究 NO.30』立教大学社会学部
- 苅田種一郎〔2006〕『我らが「湯布院・楽塾」の最良の日々』関西学院大学出版会
- 雁屋哲、花咲アキラ〔2011〕「偉大なる名人・名店　亀の井別荘」『美味しんぼ』107、小学館
- 韓準祐〔2016〕「由布院の事例分析を通じた観光まちづくり研究の再考察の試み」『観光学評論』4巻2号、観光学術学会
- 観光まちづくり研究会〔2000〕『観光まちづくりガイドブック　地域づくりの新しい考え方～「観光まちづくり」実践のために』㈶アジア太平洋観光交流センター
- 木谷文弘〔2001〕『薫平さんと健太郎さんから教わったこと～由布院まちづくり50の知恵』有限会社ネキスト
- 木谷文弘〔2004〕『由布院の小さな奇跡』新潮新書
- 木谷文弘〔2005〕『由布院の空の下で　小さなお宿の小さなしあわせ物語』有限会社ネキスト
- 君波強治〔2012〕「地域活性化を実現した人材に関する調査―先進地・由布院を事例に―」『地域活性学会研究大会論文集』
- 九州旅客鉄道株式会社〔1997〕『JR九州10年史：1987～1996』九州旅客鉄道株式会社
- 清成忠男〔1975〕『地域の変革と中小企業　下』日本経済評論社
- 久保田美穂子〔2008〕「歩いて楽しい温泉地へ　原点回帰への実験」『温泉地再生　地域の知恵が魅力をつむぐ』学芸出版社
- 桑野和泉〔2002〕「湯布院の産業おこしとまちづくり―小さな町のさまざまな試み―」『地域開発』457号、日本地域開発センター
- 桑野和泉〔2002〕「新しいツーリズムへの挑戦―湯布院町にみる宿泊産業の課題―」国土交通省総合制作局観光部『新たな観光まちづくりの挑戦』ぎょうせい
- 現代農業編集部〔2004〕「いまこそ『村のいのちを都市の暮らしへ』大分県湯布院町・中谷健太郎さんに聞く『なつかしい未来』」『現代農業』2004年11月増刊、農文協
- 現代農業編集部〔2004〕「由布院の料理長さんが地元の野菜を使う運動」『現代農業』2004年11月増刊、農文協
- 後藤健太郎〔2013〕「百年先を見越した観光地経営の実践（大分県由布院温泉）」公益財団法人日本交通公社編著『観光地経営の視点と実践』丸善出版
- 小堀貴亮〔2000〕「由布院温泉における芸術文化観光空間の形成と構造」『地域社会研究』3、別府

大学地域社会研究センター
- 小林華弥子〔2005〕「ゆふいんとまちづくり」西川芳昭、伊佐淳、松尾匡編著『市民参加のまちづくり　事例編』創成社
- コリンズ, ジェームズ C.［山岡洋一訳］〔2001〕『ビジョナリーカンパニー②飛躍の法則』日経 BP 社
- サクセニアン, アナリー［本山康之、星野岳穂監訳］〔2008〕『最新・経済地理学　グローバル経済と地域の優位性』日経 BP 社
- サクセニアン, アナリー［山形浩生、柏木亮二訳］〔2009〕『現代の二都物語　なぜシリコンバレーは復活し、ボストン・ルート 128 は沈んだのか』日経 BP 社
- 捧富雄〔2002〕「先進観光地における観光地づくりの要点―愛知県足助町と大分県湯布院を事例として―」『岡山商大社会研究所報』第 23 号、岡山商大社会総合研究所
- 澤永貢子〔2009〕「体験に根ざした食育〜きときと氷見地消地産推進協議会―食育先進地モデル実証事業の取組―」『週刊農林』2046、農林出版社
- 敷田麻実、内田純一、森重昌之編著〔2009〕『観光の地域ブランディング　交流によるまちづくりのしくみ』学芸出版社
- 四本幸夫〔2014〕「観光まちづくり研究に対する権力概念を中心とした社会学的批判」『観光学評論』2 巻 1 号、観光学術学会
- 菅沼明正〔2015〕「着地型観光への取り組みが持つコミュニティ構築機能の社会学的考察：熊本県水俣市の民間教育旅行機関による体験プログラム開発活動を事例として」『観光研究』第 26 巻 2 号、日本観光研究学会
- 司馬遼太郎〔2008〕「豊後・日田街道」『街道をゆく 8』朝日文庫
- 新江憲一〔2005〕『ゆふいんの畑から　新江憲一の伝えたいこと』双林社
- 新江憲一〔2008〕『ため息と笑顔のイタリア日記』双林社
- 杉岡碩夫〔1975〕「カリスマ的主張の軌跡―大分県由布院の観光開発」『経済評論』1975 年 4 月号、日本評論社
- 須藤廣〔2005〕「田園観光と『ロマン主義的まなざし』　由布院地区調査から見た観光客と地元事業者の『まなざし』」須藤廣、遠藤英樹著『観光社会学　ツーリズム研究の冒険的まなざし』明石書店
- 須藤廣〔2008〕「癒しの里のフレームワーク　由布院温泉住民の観光解釈フレームをめぐって」『観光化する社会』ナカニシヤ出版
- 高尾忠志〔2008〕「由布院町湯布院町湯の坪街道周辺地区景観計画・景観協定・紳士協定の策定」『景観・デザイン研究論文集』4、土木学会
- 高橋一夫〔2017〕『DMO　観光地経営のイノベーション』学芸出版社
- 高見乾司〔1990〕『空想の森から　由布院空想の森美術館の四季』青弓社
- 高見乾司〔1995〕『霧の由布院から　空想の森のアート・エッセイ』海鳥社
- 高見乾司〔2018〕『帰る旅―空想の森へ　地域アートの試みの中で』花乱社
- 辰巳芳子、中谷健太郎〔2005〕『毛づくろいする鳥たちのように』集英社
- 田中章雄〔2012〕『地域ブランド進化論　資源を生かし地域力を高めるブランド戦略の体系と事例』繊研新聞社
- 田辺市〔2005〕『田辺広域観光ビジョン』国土交通省都市・地域整備局
- 田辺市〔2006〕『田辺市観光アクションプラン』
- 田村明〔1987〕『まちづくりの発想』岩波書店
- 田村明〔1999〕『まちづくりの実践』岩波書店
- 筒井隆志〔2005〕「観光地のライフサイクルに関する試論―大分県湯布院町に見る観光地衰退の萌芽―」『経済学年誌』40、法政大学大学院経済学会
- 鶴見和子〔1989〕「内発的発展論の系譜」鶴見和子、川田侃編著『内発的発展論』東京大学出版会
- 鶴見和子〔1996〕『内発的発展論の展開』筑摩書房
- 土井善晴〔2016〕『一汁一菜でよいという提案』グラフィック社
- 時松辰夫〔2004〕「『副業としての工芸』で生活の形をまもり、地域の形をまもる」『現代農業』2004 年 11 月増刊、農文協

- 德野貞雄〔2011〕『生活農業論』学文社
- 友澤和夫〔2002〕「学習・知識とクラスター」山崎朗編『クラスター戦略』有斐閣
- 中島恵理〔2017〕「食の地産地消と地消地産：長野県富士見町でのケーススタディより」『地域活性研究』8
- 中谷健太郎〔1995〕『湯布院幻燈譜』海鳥社
- 中谷健太郎〔2001〕『湯布院発、にっぽん村へ』ふきのとう書房
- 中谷健太郎〔2006 a〕『由布院に吹く風』岩波書店
- 中谷健太郎〔2006 b〕『たすきがけの湯布院』ふきのとう書房
- 中谷健太郎〔2012〕『くいしん坊村風物誌』湯布院企画室西方館
- 中谷健太郎〔2014〕『ドンケツガソラヲトブ』人生の旅研究所編集、株式会社亀の井別荘
- 中谷健太郎、桑子泉、高野雅夫〔2014〕「鼎談『由布院温泉に見るコントロールされた成長と前向きな縮小という課題』」林良嗣、黒田由彦、高野雅夫、名古屋大学グローバル CEO「地球学から基礎・臨床環境学への展開」編『中国都市化の診断と処方開発・成長のパラダイム転換』、明石書店
- 中谷健太郎、中谷太郎〔2003〕「人を結う湯布院」太田政男編著『まちづくりは面白い』ふきのとう書房
- 中谷健太郎、溝口薫平、木原啓吉〔1991〕「真のリゾートとは何か─大分県・湯布院を訪ねて─」『公害研究』21 (2)、岩波書店
- 中村剛治郎〔2008〕『基本ケースで学ぶ地域経済学』有斐閣
- 中山昭則〔2011〕「由布院温泉における地域構造の変容に関する考察」『大分縣温泉調査研究会報告』62、大分県温泉調査研究会
- 楢本晧〔2005〕「平成の大合併に異議あり　ルポ●町づくりの最先端、大人気温泉地湯布院」『中央公論』2005 年 4 月号、中央公論新社
- 西川潤〔1989〕「内発的発展論の起源と今日的意義」鶴見和子、川田侃編著『内発的発展論』東京大学出版会
- 西日本新聞社編〔1973〕「由布院盆地─"ふるさと"意識の変化の中で」『ふるさととは何か　臥蛇・対馬・湯布院を行く』未来社
- 西村幸夫〔2009〕「観光まちづくりとは何か─まち自慢からはじまる地域マネジメント」西村幸夫編著『観光まちづくり　まち自慢からはじまる地域マネジメント』学芸出版社
- 野口智弘〔2013〕『由布院ものがたり「玉の湯」溝口薫平に聞く』中公文庫
- 野中郁次郎、紺野昇〔1999〕『知識経営のすすめ─ナレッジマネジメントとその時代』ちくま新書
- 野中郁次郎、紺野昇〔2003〕『知識創造の方法論』東洋経済新報社
- 野中郁次郎、紺野昇〔2012〕『知識創造経営のプリンシパル』東洋経済新報社
- 野中郁次郎、竹内弘高 [梅本勝博訳]〔1996〕『知識創造企業』東洋経済新報社
- 野中郁次郎、ラインメラ, パトリック、柴田友厚〔1998〕「知識と地域」『オフィス・オートメーション』19 巻 1 号、オフィス・オートメーション学会編集委員会
- 野中郁次郎、廣瀬文乃、平田透〔2014〕『実践 ソーシャルイノベーション　知を価値に変えたコミュニティ・企業・NPO』千倉書房
- 野原卓〔2008〕「観光まちづくりを取り巻く現状と可能性」クッド研究所編『季刊まちづくり』19 号、学芸出版社
- 林良嗣〔2014〕「由布院が示唆するもの」林良嗣、黒田由彦、高野雅夫、名古屋大学グローバル CEO「地球学から基礎・臨床環境学への展開」編『中国都市化の診断と処方開発・成長のパラダイム転換』明石書店
- ピオリ, マイケル J.、セーブル, チャールズ F. [山之内泰、永易浩一、石田あつみ訳]〔1993〕『第二の産業分水嶺』筑摩書房
- 平尾元彦、野々下潤一〔2002〕「観光地の持続可能な地域づくり─湯布院における事例研究」『呉大学ネットワーク社会研究センター研究年報』第 2 巻、呉大学ネットワーク社会研究センター
- 福岡伸一〔2009〕『動的平衡 生命はなぜそこに宿るのか』木楽舎
- フリードマン, トーマス [伏見威蕃訳]〔2008〕『フラット化する世界〔増補改訂版〕(上)　経済の大転換と人間の未来』日本経済新聞出版社

- ポーター，マイケル E.［竹内弘高訳］〔1999〕『競争戦略論Ⅱ』ダイヤモンド社
- ポーター，マイケル E.、竹内弘高〔2000〕『日本の競争戦略』ダイヤモンド社
- 保母武彦〔1996〕『内発的発展論と日本の農山村』岩波書店
- 保母武彦〔2002〕『市町村合併と地域のゆくえ』岩波書店
- 堀野正人〔2011〕「アートの観光の展開について」『奈良県立大学研究季報』21(4)、奈良県立大学
- 松尾匠〔2005〕「長浜・由布院のまちづくりの転換」松下匡、西川芳昭、伊佐淳編著『市民参加のまちづくり 戦略編』創成社
- 松田忠徳〔2004〕『検証 黒川と由布院 九州が、日本の温泉を変えた!!』熊本日日新聞社
- マーフィー，ピーター E.［大橋泰二訳］〔1996〕『観光のコミュニティ・アプローチ』青土社
- 溝口薫平〔1988〕「地域づくりと若者」豊の国づくり運動推進協議会編『地域再生 一極集中への挑戦』
- 光本伸江〔1999〕「大分県湯布院町の『まちづくり』と地方自治の可能性 上・下」『地方財務』538, 539、ぎょうせい
- 光本伸江〔2007〕『自治と依存―湯布院町と田川市の自治運営のレジーム（自治総研叢書23）』敬文堂
- 宮口侗廸〔2007〕『新・地域を活かす―地理学者の地域づくり論』原書房
- 宮津大輔〔2014〕『現代アート経済学』光文社新書
- 宮本佳範〔2009〕「"持続可能な観光"の要件に関する考察―その概念形成における二つの流れを踏まえて―」『東邦学誌』第38巻第2号、愛知東邦大学
- 森まゆみ〔1996〕「おもしろ、おかしく、命がけ ―湯布院町・中谷健太郎の冒険」関川夏央、日下公人、奥本大三郎、森まゆみ、津野海太郎著『品格なくして地域なし』晶文社
- 森重昌之〔2014〕『観光による地域社会の再生―オープン・プラットフォームの形成に向けて―』現代図書
- 森重昌之〔2015〕「定義から見た観光まちづくり研究の現状と課題」『阪南論集』第50巻2号、阪南大学
- 森重昌之〔2017〕「観光まちづくりの新たな展開：オープン・プラットフォームと観光ガバナンスの必要性」『CATS叢書』11、北海道大学観光学高等研究センター
- 安村克己〔2006〕『観光まちづくりの力学 観光と地域の社会学的研究』学文社
- 山口裕美〔2010〕『観光アート』光文社新書
- 山崎朗〔2002〕「地域戦略としての産業クラスター」山崎朗編『クラスター戦略』有斐閣
- 米田誠司〔2001〕「由布院観光の新展開」『地域開発』447号、日本地域開発センター
- 米田誠司〔2011〕『持続可能な地域経営と地域自治に関する研究―由布院の観光まちづくりを事例として―』熊本大学大学院社会文化科学研究科博士論文
- 米田誠司〔2012〕「「動的コミュニティ」概念からみた由布院の観光まちづくり」『日本観光研究学会全国大会学術論文集』26、日本観光研究学会
- 米田誠司〔2013〕「スピンオフ事例からみる地域の観光経済振興について」『愛媛経済論集』32-2,3 (pp.105-117)、愛媛大学経済学会
- 米田誠司〔2015〕「由布市：交通実験から13年、由布院の観光まちづくりと交通まちづくり」原田昇編著『交通まちづくり 地方都市からの挑戦』鹿島出版会
- 米田誠司、大澤健〔2017〕「観光まちづくりにおけるイノベーションの源泉―ゆふいん料理研究会からの一考察―」『日本観光研究学会全国大会学術論文集』32 (pp.101-104)、日本観光研究学会
- 米田誠司、大澤健〔2018〕「観光まちづくりにおけるイノベーションの源泉―由院におけるアートをめぐる一考察―」『日本観光研究学会全国大会学術論文集』33 (pp.117-120)、日本観光研究学会
- 吉川順、村上啓二〔1994〕『ゆふいんロック青春記』海鳥社

〈由布院のまちづくり活動の記録、各種計画（年代順）〉

- 由布院の自然を守る会〔1970〕『花水樹』創刊号-No.2
- 明日の由布院を考える会〔1971-1973〕『花水樹』No.3-9
（『花水樹』はすべて、中谷健太郎編集〔1995〕『花水樹　完全復刻版』グリーンツーリズム研究所に収録）
- 日本地域開発センター〔1977〕「シンポジウム「地域における生活と文化の再生」」『地域開発』通巻148号
- 湯布院町〔1977〕『湯布院町基本構想・基本計画』
- 地域ビジョン作成委員会〔1983-1984〕『地域ビジョン』No.1-3
- 湯布院企画室「南の風」編集〔1988-1991〕『風の計画』創刊号-No.5、由布院温泉観光案内所
- 湯布院町〔1989〕『町誌湯布院』
- 湯布院町〔1992〕『湯布院町総合計画　一人からはじまる湯布院のまちづくり』
- 由布院温泉観光協会・由布院温泉旅館組合〔1996〕『由布院温泉観光基本計画』
- ふくろうの会編集〔1997〕『ふくろうが翔ぶ』通巻No.2、ふくろうの会
- ふくろうの会編集〔1997-2000〕『ふくろうが翔ぶ』Vol.7-10、ふくろうの会
- 湯布院町〔1999〕『ゆふいんの森構想　湯布院町総合計画』
- ゆふいん建築・環境デザイン協議会〔2000〕『ゆふいん建築・環境デザインガイドブック』
- 由布院温泉観光協会〔2006〕『観光環境容量・産業連関分析調査及び地域由来型観光モデル事業報告書』
- 出会いの記憶編集委員会編〔2010〕『出会いの記憶　ゆふいん文化・記録映画祭の十年 1998-2007』海鳥社
- ゆふいんアート委員会編〔2012〕『由布院駅アートホール　20年間の記録』
- 横田茂美〔2012〕『私家版　湯布院映画祭35年の記録』双林社
- 渡辺和〔2014〕『ゆふいん音楽祭　35年の夏』木星舎

【著者】

大澤 健（おおさわ たけし）
和歌山大学経済学部教授。博士（経済学）。1966年生まれ。東北大学大学院経済学研究科博士課程後期修了。東北大学経済学部助手、和歌山大学経済学部講師、准教授を経て現職。
主な著書に、『観光革命　体験型・まちづくり・着地型の視点』（角川学芸出版、2010年）。

米田 誠司（よねだ せいじ）
愛媛大学法文学部人文社会学科准教授。博士（公共政策学）。1963年生まれ。1989年早稲田大学大学院理工学研究科修士課程修了、同年東京都庁入庁。1998年東京都庁退職、同年、由布院観光総合事務所事務局長に着任。2010年同事務局長を退任、2011年熊本大学大学院社会文化科学研究科博士課程修了。その後、2012年愛媛大学法文学部総合政策学科講師を経て、2016年4月より現職。

由布院モデル
地域特性を活かしたイノベーションによる観光戦略

2019年2月28日　第1版第1刷発行

著　者………大澤健、米田誠司
発行者………前田裕資
発行所………株式会社学芸出版社
　　　　　　京都市下京区木津屋橋通西洞院東入
　　　　　　電話 075-343-0811　〒600-8216
　　　　　　http://www.gakugei-pub.jp/
　　　　　　info@gakugei-pub.jp

装　丁………KOTO DESIGN Inc. 山本剛史
印　刷………創栄図書印刷
製　本………新生製本

©大澤健、米田誠司　2019　　　　　　　　　Printed in Japan
ISBN 978-4-7615-2697-9

JCOPY 〈(社)出版者著作権管理機構委託出版物〉
本書の無断複写（電子化を含む）は著作権法上での例外を除き禁じられています。複写される場合は、そのつど事前に、(社)出版者著作権管理機構（電話 03-5244-5088、FAX 03-5244-5089、e-mail: info@jcopy.or.jp）の許諾を得てください。
また本書を代行業者等の第三者に依頼してスキャンやデジタル化することは、たとえ個人や家庭内での利用でも著作権法違反です。